나의 첫 외국계 취업

나의 첫 외국계 취업

초판 1쇄 인쇄 2025년 10월 30일
1쇄 발행 2025년 11월 15일

지은이 백원정

펴낸이 우세웅
책임편집 정온지
홍보제작 김세경
북디자인 박정호

종이 페이퍼프라이스㈜
인쇄 ㈜다온피앤피

펴낸곳 슬로디미디어
출판등록 2017년 6월 13일 제25100-2017-000035호
주소 경기 고양시 덕양구 청초로 66, 덕은리버워크 A동 15층 18호
전화 02)493-7780 **팩스** 0303)3442-7780
홈페이지 slodymedia.modoo.at **이메일** wsw2525@gmail.com

ISBN 979-11-6785-287-8 (03320)

글 ⓒ 백원정, 2025

※ 이 책은 저작권법에 의하여 보호받는 저작물이므로 무단 전재와 무단 복제를 금합니다.
※ 잘못된 책은 구입하신 서점에서 교환해 드립니다.

※ 슬로디미디어는 여러분의 소중한 원고를 기다리고 있습니다.
  wsw2525@gmail.com 메일로 개요와 취지, 연락처를 보내주세요.

20년 차
수석 매니저가
알려주는
**외국계 기업
취업 전략서**

나의 첫
외국계 취업

백원정 지음

슬로디미디어

프롤로그

"나도 한때 막막했다"

처음 외국계 기업에 도전했던 날을 아직도 기억한다. 정확히 말하자면, 도전이라기보다 망설임에 가까웠다. 주변엔 나보다 뛰어난 사람들로 가득했다. 유학 경험이 있는 친구들, 이미 대기업 인턴을 경험한 동기들, 이력서만 봐도 고개가 끄덕여질 정도로 탄탄하게 준비된 지원자들. 그들 사이에서 나는 늘 '부족한 취준생'이었다.

"이 스펙으로 될까?"

정말 하루에도 열두 번씩 마음속에서 이 질문이 떠올랐다. 이력서를 쓰다 말고 창을 닫았고, 취업 포털 사이트 화면만 멍하니 바라보다 하루를 흘려 보낸 날도 많았다. 누구도 정답을 알려 주지 않았고, 어떤 기준이 맞는지도 알 수 없었다.

그런 내가 어느덧 외국계 기업에서 20년 넘게 커리어를 이어 오고 있다. 때론 국내 기업에서, 때론 계약직으로, 혹은 정규직으로 근무했지만, 정해진 길은 없었다. 하지만 분명한 건 하나 있었다. '해 보자'고 마음먹은 그 순간이 모든 것을 바꿔 놓았다는 것.

그때부터 하나씩 채워 나갔다. 영어는 회화 위주로 실전에서 통하는 방식으로 연습했고, 부족한 부분은 틈틈이 메워 갔다. 자격증도 취업 중에 하나씩 준비해 뒀다. 하지만 무엇보다 중요한 건 '일' 그 자체였다. 눈에 띄는 화려한 스펙보다, 현장에서 실력을 쌓고 경험을 만들어 가는 것이 결국 나를 증명하는 가장 강력한 무기가 되었다.

그리고 이 말을 꼭 덧붙이고 싶다.
무엇보다 중요한 건, '어떤 회사'에 들어가느냐보다 '어떤 직무'로 시작하느냐다. 단순히 입사하는 것이 목표가 되어선 안 된다. 첫 직장에서 맡게 되는 직무가 앞으로의 커리어 방향을 결정짓는 중요한 출발점이 되기 때문이다. 특히 외국계 기업처럼 경력 중심의 채용 문화가 강한 곳에서는 첫 직무가 곧 '당신의 전문 분야'를 정의한다.

그래서 나는 이렇게 말하고 싶다. 연봉, 브랜드 파워, 복지도 물론 중요하지만, 그보다 더 앞서야 할 것은 이것이다.

'나는 어떤 일을 잘하고 좋아하는가?'

그 답을 찾아 직무와 연결해야 한다. 좋아하고 잘하는 일을 선택했을 때, 커리어는 단절되지 않고 축적된다. 첫 방향을 제대로 잡으면, 그 다음 선택도 자연스럽게 이어진다.

그렇기에 본격적으로 취업을 준비하기에 앞서, 반드시 자신을 먼저 이해해야 한다. 수치로 보이는 조건보다 중요한 것은 방향이다. 내가 누구인지, 어떤 일에 몰입하고 성취감을 느끼는지를 먼저 파악해야, 이후의 선택도 흔들리지 않는다.

이제부터가 시작이다. 이 글은 바로 그 첫걸음을 내디디려는 당신을 위한 이야기다. 아직 영어가 부족하다고 느끼는가? 괜찮다. 나도 그랬다. 경력이 짧아 불안한가? 괜찮다. 누구나 처음은 백지에서 시작한다. 자신감이 자꾸 줄어드는가? 그럴수록 작은 확신 하나가 더욱 중요해진다.

이 책은 준비된 누군가의 성공기를 담지 않았다. 어디서부터 손을 대야 할지 몰라 멈춰 선 사람, 아직 시작하지 못한 당신을 위한 안내서다. 당장 이력서 한 장도 어렵게 느껴지는 지금, 무엇을 먼저 시작해야 하고, 어떤 흐름으로 움직여야 할지를 함께 나누고 싶었다. 나 역시 그랬으니까.

이 책은 단순히 방법만 나열하지 않는다. '지금 이 상황에서 어떤 선택을 해야 할까?'를 함께 고민하며, 그 방향을 함께 찾고자 한다. 앞으로 당신이 마주하게 될 수많은 '첫 도전' 앞에서, 이 책이 작지만 든든한 길잡이가 되기를 바란다.

어떤 회사를 목표로 할지, 그 회사를 향해 어떤 방식으로 접근할지, 내 경험 중 어떤 이야기를 꺼내야 할지, 이제 막 시동을 건 준비는 구체적인 방향으로 옮겨가기 시작할 것이다.

외국계 기업의 취업은 기다리는 자리도, 누군가 끌어주는 자리도 아니다. 스스로 만들고, 스스로 선택해야 하는 길이다.

많은 선배가 말한다. 처음 선택한 직무가 결국 커리어의 방향이 되었고, 그 길은 생각보다 쉽게 바뀌지 않았다고. 그래서 첫 시작이 더욱 중요하다. 좋은 회사를 선택하는 것보다 더 중요한 건, 어떤 일을 하며 어떤 사람으로 성장해 갈지를 스스로 결정하는 것이다. 좋은 회사를 선택하는 것보다 더 중요한 건, '내가 어떤 일을 하며, 어떤 사람으로 성장해 갈 것인가'를 먼저 생각하는 일이다.

회사에 이끌리는 삶이 아니라, 나의 커리어를 내가 리드하는 삶. 지금부터는 스스로 방향을 정하고, 주도권을 쥔 채 걸어가길 바란다. 나는 믿는다. 당신도 그 길 위를 당당히 걸어갈 수 있다는 것을.

이제, 당신이 그 주도권을 쥘 차례다.

백원정

목차

프롤로그 . 4

PART 1
나도 외국계 기업에 취업할 수 있을까?

01 '외국계 기업 취업', 어떤 사람에게 열려 있는가 . 15
02 나는 왜 외국계 기업에 도전했을까? . 20
03 첫 도전의 실패에서 배운 것 . 24
04 외국계 기업에서 커리어를 키워야 하는 이유 . 28
05 영어, 이 정도만 준비해도 괜찮다 . 31

PART 2
4주 완성 전략: 외국계 기업 취업, 계획이 답이다

1주 차: 셀프 브랜딩, 나를 알아야 붙는다

01 첫 번째 커리어, 왜 전략적으로 시작해야 할까? . 39
02 합격한 사람들의 3가지 공통점 . 44

03   끌리는 산업과 직무를 찾는 노하우 . 48

04   의외로 모르는 나만의 핵심 메시지 찾는 법 . 52

05   [브랜딩 노트] 나의 경험 키워드 정리 가이드 . 56

06   [ChatGPT 팁] 나의 키워드를 한 줄 성과 문장으로! . 58

2주 차: 이기는 레쥬메·커버레터 작성법

01   서류 심사의 시작과 끝, 레쥬메와 커버레터 . 62

02   결과 중심 레쥬메 작성법은 이렇게 . 65

03   절대 빠지면 안 되는 3가지 요소 . 75

04   채용 공고 분석법: JD가 알려 주는 채용 의도 . 79

05   직무 경험이 부족한데, 뭘 쓰면 좋을까? . 92

06   [브랜딩 노트] 레쥬메 핵심 문장 작성법 . 96

07   [ChatGPT 팁] 문장 다듬기 & 키워드 추천 . 100

3주 차: 영어 면접, 단 15가지 핵심 질문으로 리드하라

01   영어 면접, 첫 60초가 승부다 . 106

02   STAR 기법으로 순식간에 답변 완성하는 법 . 110

03   지원자가 리드하는 면접 전략이란? . 114

04   영어 면접 핵심 질문 15가지 질문 & 답변 공식 . 119

　　　(1) 자기소개 - 경력·강점·목표 압축 . 121

　　　(2) 지원 동기 - 회사 선택 이유 . 126

　　　(3) 커리어 목표 - 장기 비전·직무 연계성 . 130

　　　(4) 강점·약점 - 직무 관련 장점 + 개선 노력 . 134

　　　(5) 경력 설명 - 구체적 사례·성과 . 138

(6) 문제 해결 - 어려움 극복 과정 . 142

(7) 갈등 해결 - 공감·소통·합의 . 146

(8) 목표 달성 - 실행력·성과 . 149

(9) 리더십 - 변화를 만든 행동 . 152

(10) 기대 초과 성과 - 자발성·개선 아이디어 . 155

(11) 차별화 포인트 - JD 외 '한 끗 차이' . 158

(12) 이직 이유 - 성장·방향성 . 160

(13) 희망 연봉 - 시장 조사·유연성 . 164

(14) 타사 지원 여부 - 경쟁력 + 지원 이유 . 168

(15) 역질문 - 일·팀·미래 중심 질문 . 171

05 [브랜딩 노트] 나만의 영어 면접 답변 템플릿 만들기 . 175

06 [ChatGPT 팁] 합격률을 높이는 모의 영어 면접 트레이닝 . 178

4주 차: 실전 지원, 타이밍과 전략이 전부다

01 지금 당장 북마크 해야 할 외국계 채용 사이트 Top 6 . 180

02 지원서 작성 시 놓치기 쉬운 포인트 . 184

03 작은 회사일수록 좋을까? 나쁠까? . 188

04 [브랜딩 노트] 나만의 취업 지도, 채용 채널 정리하기 . 192

05 [ChatGPT 팁] 맞춤 레쥬메, 커버레터 초안 받아보기 . 195

PART 3
외국계 기업에서 커리어 가치를 높이는 법

01. 입사 후, 진짜 '일머리'는 여기서 갈린다 . 201

02. 성장하는 사람의 3가지 습관 . 204

03. 글로벌 커뮤니케이션의 핵심 3가지 . 207

04. 외국계 기업에서 업무 탁월성을 인정받는 법 . 212

05. 나의 업무 경험을 경력 브랜딩으로 연결하는 방법 . 215

06. [브랜딩 노트] 한눈에 읽히는 경험 정리, 커리어 브랜딩의 시작 . 218

07. [ChatGPT 팁] 10초 안에 시선을 붙잡는 프로필 만드는 법 . 221

에필로그 "불안한 지금, 그래도 도전할 당신을 위하여" . 225

PART 1

나도 외국계 기업에 취업할 수 있을까?

'외국계 기업 취업', 어떤 사람에게 열려 있는가

처음 '외국계 기업 취업'이라는 단어를 들었을 때, 나는 그저 멀게만 느꼈다. 머릿속에는 특정한 이미지가 있었다. 유학을 다녀온 사람, 해외에서 학위를 받은 사람, 영어로 유창하게 프레젠테이션을 하는 사람, 대기업에서 경력을 쌓은 사람. 마치 그들만이 도전할 수 있는 특별한 문이 있는 듯했다. 내 현실은 그와는 거리가 멀었다. 국내 대학을 졸업했고, 영어는 시험 점수로만 관리해 왔을 뿐, 실무에서 써 본 적이 없었다. 경력이라고 해 봐야 국내 중소기업에서 1~2년 일한 것이 전부였다. 그래서 처음 외국계 기업 취업 공고를 봤을 때, 내 마음속 질문은 단 하나였다.

'내가 지원해도 되는 자리일까?'

이 질문은 단순히 '가능성'을 묻는 게 아니라, 스스로를 제한하는 생각의 시작이었다. '나는 아직 준비가 안 됐다'라는 마음이 나도 모르게 나를 객관적으로 바라보게 했다. 하지만 이건 나만의 고민이 아니었다. 비전공자, 비유학파, 혹은 평범한 경력을 가진 사람들의 평범한 고민이었다.

흔히 외국계 기업은 무조건 '영어 능통자'를 뽑는다고 생각하기 쉽다. 그러나 내가 직접 경험한 구직의 경우나, 채용 담당자와 대화를 나누면서 깨달은 것은 영어는 '필요 조건'일 뿐, 결정적인 합격 요인은 아니라는 것이었다. 어느 글로벌 제조기업의 인사 매니저는 이렇게 말했다.

"영어는 업무를 하기 위한 거죠. 그보다 중요한 건 맡은 일을 끝까지 책임질 수 있는가입니다."

외국계 기업은 업무 특성상 경력직 채용이 많고, 신입 채용도 '즉시 투입 가능성'을 본다. 여기서 말하는 '즉시 투입 가능성'이란, 이전 직무 경험을 현재 포지션에 얼마나 빠르게 연결할 수 있는지를 뜻한다. 즉, 학벌·학위보다 경험의 질과 문제 해결 능력을 더 높게 평가한다. 그래서 외국계 기업의 채용 공고를 보면 '필수 자격'에 이런 문구가 종종 들어간다.

☐ 관련 분야 OO년 경력

☐ 프로젝트 수행 경험

☐ 영어로 기본적인 커뮤니케이션 가능

이 세 가지를 자세히 보면, **영어보다 '경험'과 '성과'가 먼저다.** 그들은 지원자가 어떤 환경에서 어떤 성과를 냈는지를 가장 궁금해한다. 합격자의 공통점은 완벽한 스펙보다 '일의 스토리'였다. 내가 만난 합격자들의 레쥬메를 보면, 놀랍게도 화려하지 않은 경우가 많았다. 국내 대학 졸업에 토익 점수가 800점 대인 대신 구체적인 성과와 문제 해결 경험이 있었다.

예를 들어, 한 지원자는 국내 중소기업에서 해외 거래처 관리를 맡은 경험이 있었다. 계약서나 프레젠테이션을 영어로 완벽하게 작성하진 못했지만, 거래 과정에서 발생한 문제를 스스로 조율하고 해결했다. 특히, 어느 주요 고객사의 불만을 신속하게 처리해 계약을 유지했고, 그 결과 고객 이탈률을 50% 이상 줄였다. 그는 면접에서 이 경험을 '상황-행동-결과' 순으로 설명했고, 면접관들은 그의 다소 완벽하지 않은 영어 문장력보다 문제를 해결한 방식과 결과에 주목했다. 그리고 이렇게 평가했다.

"이 사람은 문제의 상황이 생겼을 때 스스로 해결책을 찾는 사람이구나."

물론 외국계 기업이 장점만 있는 건 아니다. 미국계 기업은 빠른 성과와 경쟁을 요구하는 반면, 유럽계 기업은 의사결정이 느려 답답함을 느낄 수 있다. 본사의 지침을 따라야 하기에 한국 지사의 재량이 제한될 때도 있다. 연봉은 대기업보다 낮기도 하고, 조직 규모가 작아 업무 범위가 넓어질 수 있다. 그러나 이 모든 요소는 '내 성향과 맞는 회사'를 찾는 과정에서 중요한 판단 기준이 된다.

외국계 기업이 원하는 근무자의 3가지 조건이 있다.

첫 번째, 결과를 만드는 사람이다.

과정이 아무리 좋아도, 결과가 없으면 평가받기 어렵다. 외국계에서는 보고서 분량보다 핵심 지표, 회의 시간보다 프로젝트 결과가 더 중요하다.

두 번째, 스스로 배우고 개선하는 사람이다.

외국계는 자율성이 크다. 업무 지시를 기다리는 사람보다, 필요한 것을 스스로 학습하고 보완할 줄 아는 사람을 선호한다.

세 번째, 협업과 소통이 가능한 사람이다.

유창한 영어보다 '필요한 메시지를 명확히 전달할 수 있는 능력'이 핵심이다. 협업 과정에서 오해를 줄이고, 다른 부서·국가의 동료와 원활히 일할 수 있는지가 중요하다.

이 몇 가지 중 단 한 가지도 준비가 안 되어 있더라도 벌써부터 주눅 들 필요는 없다. 당신이 외국계 기업에 취업하고자 한다면 이미 절반은 준비된 사항이 있을 것이다. 만약 지금 '나는 유학 경험도 없고, 스펙도 평범하다'라고 생각한다면, 오히려 가능성이 있다. 왜냐하면 외국계 기업의 취업은 완성된 사람이 아니라, '성장 가능성과 태도를 보여줄 수 있는 사람'에게도 문을 열어 두기 때문이다. 그러니 지금 당장 해야 할 일은 두 가지다.

<u>내가 가진 경험 속에서 외국계 기업이 원하는 요소를 찾아보고, 그것을 구체적인 성과와 행동으로 설명할 수 있도록 준비하자.</u> 이 두 가지를 준비하면, 유학파나 경력직 지원자와도 충분히 경쟁할 수 있다. 그리고 이건 단순한 가능성이 아니라, 수많은 합격 사례가 증명해 준 사실이다.

나는 왜 외국계 기업에 도전했을까?

처음 외국계 기업의 취업을 진지하게 고민하게 된 건, 사실 첫 직장에서의 답답함 때문이었다. 졸업 후 무작정 취업부터 해야겠다는 생각에 들어간 회사는 국내 중소기업이었다. '경력을 쌓아야 이직도 가능하지 않겠나'라는 단순한 판단이었다. 하지만 몇 달 지나지 않아 나는 매일 같은 질문을 반복하고 있었다.

"이 일이 앞으로 내 커리어에 도움이 될까?"

회사에서 맡은 일은 단순 반복 업무였다. 영어를 쓸 일도 많지 않았고, 새로운 프로젝트에 참여할 기회도 거의 없었다. 야근은 일상이었고, 하루하루 버티는 것 자체가 목표가 되었다. 물론 직장은 안정적인 월급으로 위로했지만, 나는 점점 '여기서 1년을 더 보내면 무엇이 달라

질까?'라는 불안감에 사로잡혔다. 자꾸만 방향을 바꿔야 한다는 생각이 들었다.

결정적인 계기는 어느 날 사내 회의에서 있었다. 어느 해외 거래 건이 문제를 일으켜 긴급하게 해결이 필요했는데, 그 일은 '영어 가능자'에게 넘어갔다. 그 순간 나는 내 이름이 불리지 않는 걸 당연하게 받아들이고 있는 자신을 발견했다. 내가 가진 한계가 너무 뚜렷하게 보였다. 그날 이후 생각이 바뀌었다. '이렇게 지내면 안 된다. 나를 더 성장시킬 수 있는 환경으로 가야 한다.'

그때부터 자연스럽게 외국계 기업이 눈에 들어왔다. 외국계 기업은 경력과 실무 능력을 중심으로 평가한다는 이야기를 들었고, '내가 가진 경험을 어떻게든 살릴 수 있지 않을까?'라는 가능성을 보게 되었다. 또 한 가지는, 외국계 기업이 주는 장점 때문이었다. **성과가 있으면 연차와 상관없이 기회를 주고, 직무 전문성을 쌓으면 이직이 훨씬 쉬워진다는 점이었다.** 해외 본사와 보다 넓은 시각으로 협업하고, 영어를 일상적으로 사용할 수 있는 환경 역시 두렵지만 매력적이었다.

하지만 동시에 냉정한 현실도 있었다. 외국계 기업은 온보딩 기간이 짧고, 바로 성과를 내야 한다. 국내 대기업처럼 장기간 교육해 주는 시스템이 부족하고, 본사 승인 절차 때문에 업무 속도가 느린 경우도 있다. 특히 미국계 기업은 빠른 피드백과 경쟁을 중시하고, 유럽계 기업은 합리성과 자율성을 중시하지만, 의사결정 속도가 더딘 편이다. 나와 맞는 문화를 선택하지 않으면 적응에 어려움을 겪을 수 있다.

첫 도전은 정규직이 아닌 계약직 포지션이었다. 당시 내 경력으로는 외국계 기업의 정규직은 쉽지 않았다. 주변에서는 "계약직이면 불안정하지 않냐"라는 말을 많이 했다. 나도 그 부분이 마음에 걸렸다. 정규직이 아니라면 경력으로 인정받지 못하는 건 아닐까? 하지만 그보다 중요한 건, '내가 성장할 수 있는 환경'이었다. 지원서를 작성하며 스스로 질문했다.

"이 경험이 내 커리어를 어떻게 확장할 수 있을까?"

그리고 중소기업에서 했던 모든 업무를 목록으로 적었다. 비록 작은 회사였지만, 다양한 일을 혼자 책임지고 처리한 경험이 있었다. 이 경험을 단순히 '작은 회사에서 한 업무'가 아니라, '문제를 해결하고 성과를 만든 경험'으로 전환했다.

외국계 기업 면접관들의 시선은 달랐다. 놀랍게도 그들은 내 경력을 흥미롭게 봤다. 회사 이름이나 규모보다, 내가 어떤 상황에서 어떻게 행동했고, 어떤 결과를 냈는지를 더 궁금해했다.

"작은 회사에서 여러 업무를 해 본 경험은 큰 자산이죠."

이 말은 나에게 큰 위로이자 확신이 되었다. 외국계 기업에서는 직함보다 실제 업무 수행 능력과 문제 해결 태도를 본다. 그리고 계약직이라도 그 안에서 맡은 일을 해 내면, 다음 기회로 연결된다는 걸 알게 되었다. 계약직 1년은 내 커리어의 방향을 완전히 바꿔 놓았다. 정규직보다 더 짧은 시간 안에 결과를 보여 줘야 한다는 긴장감이 오히려 나를 성장시켰다. 프로젝트를 더 꼼꼼하게 준비했다. 회의 준비를 철저히 하며 작은 업무 하나도 놓치지 않았다. 이 경험은 이후 이직 과정에서도 강력한 무기가 되었다.

외국계 기업의 채용 담당자들은 '계약직'이라는 형식보다, 그 안에서 내가 무엇을 성취했는지에 더 많은 관심을 가졌다.

혹시 지금 이 글을 읽는 당신이 계약직이나 인턴이라는 이유로 자신감을 잃고 있다면, 꼭 말해 주고 싶다. 계약직이든, 인턴이든, 그 안에서 만든 성과는 충분히 커리어의 일부가 된다. 중요한 건 타이틀이 아니라 '경험의 밀도'다. 외국계 기업은 그 경험이 실제로 어떤 가치를 만들었는가를 인정한다. 이렇게 첫 외국계 기업으로의 취업 도전은 정규직이 아니었지만, 그 선택이 결국 나를 더 큰 무대로 이끌었다. 그리고 나는 그때 확신했다.

"경력은 화려한 겉 포장지가 아니라 그 속을 담은 내용물이다."

첫 도전의 실패에서 배운 것

외국계 기업으로의 취업에 도전할 때 나는 '붙을 수도 있겠다'라는 기대와 '아직 멀었다'라는 현실 사이에서 크게 흔들렸다. 결과적으로 그 첫 시도는 실패로 끝났다. 하지만 지금 돌이켜 보면, 그 실패가 없었다면 내가 외국계 기업 취업의 준비를 위한 본질을 이렇게 빨리 깨닫지 못했을 것이다.

내가 저질렀던 실수를 떠올려 본다. 어쩌면 지금 당신이 하고 있는 생각과 비슷할 수 있다.

첫 번째 실수는 영어 실력을 전부라고 생각한 것이었다. 당시 나는 면접 질문을 미리 준비하면서, 영어로 답변을 완벽하게 외우는 데 대부분 시간을 썼다. 문장은 그럴듯했지만, 막상 면접장에서는 예상치 못한 질문이 나오자 준비한 답변에서 벗어나지 못했다. 결과는 어색한 웃음과 단

답식 대화였다. 면접관이 궁금해한 건 내 영어 실력이 아니라, 내가 그 직무에서 어떻게 성과를 낼 수 있는지였다. 그들의 질문은 모두 실제 업무 상황을 가정한 것이었다.

예를 들어, "해외 고객이 갑작스럽게 불만을 제기하면 어떻게 대응하겠습니까?" "팀원과 의견이 충돌했을 때 조율한 경험이 있나요?"

이 질문들 앞에서 나는 '영어로 뭐라고 말해야 하지?'에만 집중했다. 그러다 보니 정작 내 경험을 연결해 보여 주는 기회를 놓쳤다.

두 번째 실수는 직무에 대한 이해 부족이었다. 외국계 기업의 면접은 지원자가 맡을 포지션에 대해 얼마나 이해하고 있는지를 세밀하게 본다. 하지만 나는 '영어 면접'이라는 단어에만 집중한 나머지, 정작 직무에 대한 구체적인 분석은 소홀히 했다. 업무 범위, 팀 구조, 협업 부서, 주요 프로젝트 현황에 대한 사전 조사 없이, 그저 '영어로 실수 없이 대답하는 연습'만 하고 갔다. 결과적으로, 직무와 연결되지 않은 답변은 설득력을 잃었다.

세 번째 실수는 나만의 경험을 미리 정리해 보지 않은 것이다. 면접에서 나를 어필하려면, 내가 직접 겪은 사례와 그 속에서 배운 점을 명확히 전달해야 한다. 하지만 당시 나는 다른 사람의 성공 사례나 인터넷에서 본 예시를 변형해 답변했다. 겉으로 보기엔 괜찮았지만, 꼬리 질문에서 금세 들통이 났다. "그 상황에서 구체적으로 어떤 행동을 하셨죠?" 이 질문에 나는 잠시 멈칫했고, 면접관의 표정이 변하는 걸 느꼈다.

결국, 영어보다 내용이 먼저다. 외국계 기업의 면접에서 영어는 메시지를 전달하는 도구일 뿐, 핵심은 '무엇을 말하는가'다. 문법이 완벽하지 않아도, 실제 업무 경험과 문제 해결 능력을 보여 주는 것이 우선이다. 그중에서도 직무 분석이 절반이다. 같은 '마케팅'이라도 회사와 제품, 시장 환경에 따라 필요한 역량이 다르다. 지원 전, 해당 기업의 포지션과 산업 동향을 반드시 분석해야 한다.

나만의 사례를 준비하자. 겪어 보지 않은 이야기는 면접에서 오래 버틸 수 없다. 실제 경험을 바탕으로, '상황-행동-결과'의 구조로 답변을 준비하면 어떤 질문에도 흔들리지 않는다. 이에 관한 이야기는 뒤에서 더 쉽게 자세히 풀어 보겠다.

실패를 그저 실패로 두지 않으면 결국 나를 성장시킨다. 첫 실패 이후, 나는 준비 방식을 완전히 바꿨다. 영어 공부는 계속하되, 그보다 내 경험을 직무와 연결하는 연습에 더 긴 시간을 썼다. 레쥬메를 보며 내가 맡았던 업무를 하나씩 분해하고, 그 안에서 문제를 해결한 사례, 팀과 협업한 경험, 성과 지표를 찾아냈다. 그리고 그 사례를 영어와 한국어로 모두 정리했다. 이 과정을 반복하자, 영어는 더 이상 주인공이 아니었다. 진짜 주인공은 내가 만들어 온 경험과 성과였다. 혹시 당신도 지금 첫 외국계 기업의 취업에 도전을 앞두고 있다면, 아마 '영어'가 가장 큰 부담일 것이다. 하지만 꼭 기억하자. 외국계 기업의 면접에서 영어는 입장권일 뿐, 합격을 결정짓는 건 직무 이해도와 실제 경험이다.

영어가 부족하다면, 그만큼 경험 사례를 탄탄하게 준비하면 된다. 당신만의 이야기는 다른 지원자가 절대 흉내 낼 수 없는 차별점이 된다.

이제부터는 왜 외국계 기업을 선택했는지, 외국계 기업이 어떻게 다른지, 그 문화 속에서 내가 느낀 차이와 준비 방향을 구체적으로 이야기하겠다. 그 차이를 알면, 당신의 전략도 한층 명확해질 것이다.

외국계 기업에서 커리어를 키워야 하는 이유

"외국계에서 커리어를 쌓는 게 왜 좋은 거죠?"

외국계 기업에 관한 이야기를 나누다 보면 꼭 이런 질문이 나온다. 솔직히 말하면, 외국계 기업이 무조건 옳은 건 아니다. 하지만 '커리어 성장'이라는 키워드를 기준으로 본다면, 외국계 기업만큼 기회를 빠르게 만들어 주는 무대는 드물다. 내 경험과 주변 동료들의 이야기를 바탕으로, 외국계 기업에서 커리어를 성장시켜야 하는 이유를 네 가지로 정리해 보겠다.

첫 번째, 성과가 곧 기회가 된다. 외국계 기업에서는 나이, 학벌, 입사 연차보다 '무엇을 해 냈는가'가 전부다. 성과를 내면, 그 즉시 더 큰 프로젝트와 더 중요한 역할이 주어진다. 예를 들어, 내가 처음 외국계 기업에서 맡았던 일은 작은 브랜드 담당이었다. 하지만 해당 신규 제품 런칭부터 순조롭고 꼼꼼하게 일을 풀어 나가자, 바로 다음 해에 회사에서 중요한 브랜드를 맡게 되었다. 또한, 후배들도 인턴, 비정규직으로 입사를 했지만 주어진 일의 성과를 보여 주자, 정규직 제안과 함께 더 큰 프로젝트도 맡게 됐다. 이런 구조는 국내 대기업의 '연차 중심 승진'과는 전혀 다르다. 성과를 내는 순간, 커리어의 진행 속도가 달라진다.

두 번째, 직무 전문성을 인정하는 문화이다. 외국계 기업에서는 부서 간 위계보다 전문성이 우선이다. 마케팅, 재무, HR, 영업…. 각 부서가 같은 무게를 가지고 회의에 참여한다. 나는 SCM 부서에 있었지만, 영업 전략 회의에서 '재고 관련 메시지'에 관한 의견을 냈고, 실제 전략에 반영된 경험이 있다. 이후 다른 부서와의 협업 요청이 늘었고, 그 과정에서 내 네트워크와 영향력도 자연스럽게 넓어졌다. 자신의 직무에서 전문성을 발휘하고 싶은 사람이라면, 외국계 기업은 최고의 무대다.

세 번째, 글로벌로 경력을 확장할 수 있다. 외국계 기업에서 일한 경력은 국경을 넘는다. 한 번 글로벌 환경에서 성과를 내면, 다른 나라 법인이나 전 세계 네트워크로 기회가 확장된다. 내 동료 중 한 명은 한국 지사에서 몇 년 일한 뒤, 본사에서 진행하는 글로벌 프로젝트에 합류했다. 그 경험 덕분에 영국 지사로 이직했고, 지금은 자신의 커리어를 적극적으로 이어 나가고 있다. '한국에서 쌓은 경력이 해외에서도 통한다'라는 건 외국계 기업만의 강력한 장점이다.

네 번째, 자기 주도적 성장 환경을 제공한다. 외국계 기업의 자율성은 때로는 부담스럽다. 상세한 지시보다 "이 프로젝트를 다음 달까지 완수하세요"라는 식의 결과 지향적 과제가 주어진다. 하지만 바로 이런 환경이 나를 성장시켰다. 필요한 정보를 스스로 찾고, 외부 전문가와 연결하며, 프로젝트의 처음과 끝을 내 손으로 책임졌다. 그 과정에서 얻어진 문제 해결 능력은 직무를 바꾸거나 산업을 옮겨도 평생 쓸 수 있는 자산이 됐다.

바로 이러한 점이 외국계 기업에서 커리어를 만들어 가야 하는 이유이다. 외국계 기업은 빠른 기회, 직무 존중, 글로벌 확장, 자기 주도적 성장이라는 네 가지 무기를 동시에 제공한다. 물론 그만큼 책임도 무겁고, 성과 압박도 크다. 하지만 그 무게를 견디고 나면, 당신의 커리어는 다른 시장에서도 통하는 경쟁력을 갖게 된다.

국내에만 머무르지 않고, 더 넓은 무대에서 자신을 시험해 보고 싶은가? 그렇다면 외국계 기업에서의 경험은 단순한 '업무 경력'이 아니라, 당신의 브랜드 가치를 끌어올리는 가장 빠른 길이 될 것이다.

영어, 이 정도만 준비해도 괜찮다

"영어를 못하면 안 되는 거 아닌가요?"

외국계 기업의 취업을 준비할 때 가장 먼저 부딪히는 생각이 있다. 나 역시 첫 외국계 기업의 입사를 앞두고 이 질문이 머릿속에서 떠나지 않았다. 국내 기업에서 일하던 시절, 자기소개서·면접은 물론, 입사 후 실무까지 영어가 발목을 잡을 거라는 두려움이 늘 있었다. 첫 외국인 바이어와의 미팅 날, 그 두려움은 현실이 되었다. 상대가 웃으며 말을 걸었지만, 나는 웃음으로만 반응했다. 머릿속에는 문장이 완성돼 있었지만, 입 밖으로 한마디의 단어도 나오지 않았다. 그 순간, '정말 괜찮은 걸까?'라는 불안이 확신처럼 굳어졌다.

도망치듯 떠난 어학연수, 영어 장벽을 깨기 위해 과감히 선택했다.

'국내에서 시간 있을 때 조금씩 해 보자'라는 의지로는 부족했다. 아예 생활 환경 자체를 바꾸기로 했다. 그렇게 1년간의 어학연수 길에 올랐다. 이번에는 목표가 달랐다. 막연히 잘하고 싶어서가 아니라, '필요한 말을 정확히 뱉는 훈련'에만 집중했다. 하루에도 수십 번씩 주저하지 않고 입을 열었고, 실수해도 멈추지 않았다. 그러자 어느 순간부터 조금씩 입이 트이기 시작했다. 그리고 확실히 깨달았다. **영어는 '잘하는 것' 보다 '필요한 말을 적시에 할 수 있는 것'이 더 중요하다는 것을.**

유창함보다 '핵심 전달력'이 승부를 가른다. 외국계 기업에서 발음이 완벽하고 말이 빠른 사람이 반드시 인정받는 건 아니다. 회의 자리에서 유창하게 말하다 핵심을 놓치는 경우도 많다. 내 영어는 완벽하지 않았다. 문장이 짧고 문법이 서툴 때도 있었다. 그러나 나는 '무엇을 말해야 하는가'에 집중했다. 그리고 그 메시지를 명확하게 전달하는 것에 모든 에너지를 쏟았다.

예를 들어, "We need to delay the shipment by two days due to customs clearance(통관 문제로 인해 선적이 이틀 지연될 예정입니다)."

이 짧은 한 문장이 상황을 완전히 바꿔 놓았다. 그전까지는 '어떻게 설명하지?' '실수하면 어쩌지?'라는 불안 때문에 말이 늦어졌고, 그사이 오해가 생겨 문제가 더 커졌다. 그러나 이렇게 필요한 정보를 딱 맞게 전달하자, 상대는 즉시 상황을 이해했고, 물류 계획을 다시 조정할 수 있었다. 덕분에 불필요한 갈등도 미리 막을 수 있었다. **결국 중요한 건 문장의 길이나 화려함이 아니라, 그 순간 필요한 정보를 정확히 전달하는 힘이었다.**

그때 확신했다. 외국계 기업에서 중요한 건 유창함이 아니라 정확성과 명료성이다. 타깃을 정하면 영어에 대한 두려움이 줄어든다.

그래서 나는 영어 공부 방식을 바꿨다. 무작정 실력을 끌어올리는 대신, '어떤 상황에서 무엇을 말해야 할지'를 먼저 정했다.

- ☐ 업무 메일에 필요한 문장 10줄
- ☐ 미팅 때 반드시 써야 할 핵심 단어
- ☐ 협업 시 필요한 기본 표현

이렇게 타깃을 정하고 준비하니, 영어가 더 이상 두렵지 않았다. 영어가 목표가 아니라 '일을 위한 도구'로 자리 잡았다. 처음에는 짧은 인사조차 버거웠지만, 시간이 지나며 동료와 신뢰가 쌓였다. 완벽하지 않아도 괜찮다는 걸 서로가 알게 된 것이다.

입사 후에도 영어는 '커리어 성장의 엔진'이다. 여기서 한 가지, 반드시 기억해야 할 점이 있다. 입사할 때는 완벽하지 않아도 되지만, 입사 후에는 반드시 꾸준히 영어 실력을 성장시켜야 한다. 외국계 기업에서 커리어가 지속되고 더 큰 기회로 확장되는 사람들의 공통점은, 입사 이후에도 영어 실력을 '계속' 발전시킨 사람이라는 것이다. 부서 간 협업 범위가 넓어지고, 본사 프로젝트에 참여할 기회가 생길 수 있기 때문이다. 해외 출장, 글로벌 콘퍼런스, 교육 프로그램 같은 커리어에 날개를 달아줄 기회들은 모두 '영어 능통'이 기본 전제가 되어야 한다.

처음에는 짧은 이메일 작성, 작은 회의 발언에서 시작하더라도, 점점 더 긴 프레젠테이션, 주요 보고, 협상 자리까지 나아가야 한다. 이때 영어를 놓아 버린다면, 기회가 눈앞에서 스쳐 지나간다. 결국, 영어는 단기간의 '프로젝트'가 아니라 늘 함께해야 할 '친구'로 삼아야 한다. 성인이 되어도 늦지 않다. 나도 성인이 된 후 실전 영어를 시작했다. 지금 영어 실력이 부족해도 괜찮다. 중요한 건 완벽함이 아니라, 시작하는 용기다. 그리고 입사 후에도 멈추지 않는 꾸준함이 당신의 커리어를 업그레이드한다.

국내에서도 충분히 가능한 실전 환경을 만들어 보자. 해외에 나가야만 영어가 능숙해지는 것은 아니다. 요즘은 온라인 화상 영어, 글로벌 커뮤니티, 외국계 인턴십 등 국내에서도 실전 환경을 만들 수 있다. 중요한 건 장소가 아니라, 멈추지 않는 습관이다. 그 반복이 결국 당신을 외국계 기업에서 필요한 인재로 만들고, 다음 단계의 커리어 기회를 당신의 손에 건네준다.

기억하자. **외국계 기업에서 살아남는 영어는 완벽한 문법을 요구하지 않는다. 그보다 필요한 순간에 정확하게 메시지를 전달하는 힘이 우선이다.** 입사할 때는 '타깃'과 '전달력'만으로도 괜찮지만, 입사 후에는 그 힘을 계속 키워야 더 많은 기회를 잡을 수 있다.

PART 2

4주 완성 전략: 외국계 기업 취업, '계획'이 답이다

1주 차: 셀프 브랜딩, 나를 알아야 붙는다

첫 번째 커리어, 왜 전략적으로 시작해야 할까?

'일단 들어가서 경력부터 쌓자'라는 생각은 아주 흔하다. 취업을 앞둔 많은 사람에게 '첫 직장'은 그저 사회로 나가는 입구처럼 보인다. 하지만 20년 가까이 외국계 기업에서 수많은 이직·채용 과정을 지켜 본 나로서는, 첫 커리어 선택이 단순한 시작이 아니라 '방향'임을 꼭 알려 주고 싶다. 그 방향이 잘못 잡히면, 나중에 아무리 노력해도 궤도 수정이 쉽지 않다.

한 번 붙은 '직무 라벨'은 쉽게 바뀌지 않는다. 한 번 특정 직무를 맡으면, 당신의 경력은 그 분야의 전문가로서 라벨이 붙는다. 물류로 시작하면 '물류 전문가', 인사로 시작하면 'HR 전문가'로 불린다. 이 라벨을 바꾸려면, 기존 경력의 일부를 포기하거나 심지어 연봉을 낮춰야 하는 경우도 생긴다. 특히 외국계 기업은 경력직 중심 채용이 많아, 전문성이 없는 '다른 분야 지원자'에게 기회를 주는 경우가 드물다.

경력 전환은 생각보다 어렵고 비용이 많이 든다. 나는 실제로 3년 간 영업을 하다 마케팅으로 직무를 바꾸려던 한 직원을 봤다. 그는 마케팅 관련 자격증을 따고, 포트폴리오까지 만들었지만, 채용 담당자들은 이렇게 말했다. "좋은 준비지만, 실무 경험이 없네요." 결국 그는 연봉을 20% 낮추고 신입에 준하는 포지션으로 다시 시작해야 했다. 첫 3년의 경험은 영업으로만 인정받았기 때문이다.

첫 커리어가 '연봉 곡선'을 만든다. 첫 직장에서 직무와 성과가 잘 맞아 떨어지면, 연봉은 안정적으로 오르고, 이직 때마다 협상력이 강해진다. 반대로 첫 직무에서 성과를 내기 어려운 환경이라면, 다음 이직에서도 '성과 없는 경력'으로 평가받아 연봉이 오르지 않고 제자리걸음을 할 수 있다. 외국계 기업에서는 '전문성 + 즉시 투입 가능성'이 핵심이다. 외국계 기업 채용 공고를 보면 이런 문구가 자주 나온다.

- 관련 분야 최소 ○년 경력
- 프로젝트 수행 경험
- 즉시 투입 가능한 업무 역량

이 말은 곧, '우리가 원하는 일을 이미 해 본 사람'을 찾는다는 뜻이다. 첫 직무에서 관련 경험을 쌓아 두면, 다음 외국계 기업으로의 이직 시 훨씬 빠르게 문이 열린다. 그러니, 첫 직장은 단순히 취업 성공 여부를 결정하는 자리가 아니다. 그건 당신이 이루어야 할 커리어의 GPS 좌표다. 출발점이 제대로 잡혀야, 그 위에 쌓이는 모든 경험이 당신을 원하는 방향으로 데려간다. 반대로 잘못 잡히면, 나중에 경로를 수정하는 데 몇 배의 시간과 노력이 든다.

이제 이 책의 4주 완성 전략은 당신이 그 '첫 좌표'를 어떻게 설정하고, 그 길 위에서 어떤 무기를 챙겨야 하는지를 구체적으로 안내할 것이다.

첫 주에는 외국계 기업이 어떤 사람을 원하는지 살펴보고, 그 안에서 내가 가진 장점을 찾는 데 집중한다. 내가 가진 경험을 정리하면서 "내가 이 회사에서 어떤 도움이 될 수 있을까?"라는 질문에 답을 준비하는 시간이다.

둘째 주에는 서류 준비를 한다. 레쥬메Resume와 커버레터Cover Letter를 쓰는 단계다. 레쥬메는 내가 지금까지 해 온 일과 성과를 보여 주는 문서이고, 커버레터는 그 성과가 내가 지원하는 회사와 직무에 어떻게 연결되는지를 설명한다. 한국식 자기소개서보다 훨씬 짧지만 대신 '나는 왜 이 회사, 이 직무에 꼭 맞는 사람인가?'라는 핵심 메시지를 분명하게 담도록 한다.

셋째 주에는 영어 면접을 준비한다. 예상 질문을 미리 살펴보고, 내 경험을 어떤 상황에서 무엇을 했고, 그 결과가 어땠는지 순서대로 정리해 말하는 연습을 한다. 이렇게 하면 면접관이 내 이야기를 훨씬 쉽게 이해할 수 있다.

넷째 주에는 실제 지원 전략에 집중한다. 지원할 회사를 고르고, 채용 공고를 분석하고, 지원서를 제출하는 과정까지 실전에서 꼭 필요한 단계를 하나씩 점검한다.

이 로드맵을 따라가면 막막하게 느껴지던 외국계 기업의 취업 준비가 한결 명확해지고, 첫 커리어의 방향을 안정적으로 잡을 수 있을 것이다.

● **Tip. 외국계 기업 지원을 위한 용어**

외국계 기업의 취업을 준비하다 보면 가장 먼저 마주하는 혼란이 있다. 한국에서는 보통 '이력서 + 자기소개서'를 내지만, 외국계 기업에서는 '레쥬메 + 커버레터'를 제출한다. 얼핏 비슷해 보이지만 성격은 다르다. 이 차이를 알고 시작해야 뒤에 나오는 전략들을 훨씬 쉽게 이해할 수 있다.

▫ **레쥬메: 영문 이력서다.**

한국식 이력서처럼 이름, 주소, 가족 사항을 적는 게 아니라, 내가 한 업무 경험과 성과를 중심으로 적는다. 특히 '무엇을 했는가'가 아니라 '무엇을 바꿨는가'에 집중한다. 예를 들어 보자.

한국식 이력서: 마케팅팀 인턴 (2023)

레쥬메: Planned Instagram campaign, increasing followers by 25% in 4 weeks(인스타그램 캠페인을 기획하여 4주 만에 팔로워를 25% 증가시킴)

☐ **커버레터: 자기소개서와 비슷하다.**

한국식 자기소개서처럼 길게 인생 이야기를 풀어 내는 것이 아니라, '나는 왜 이 회사, 이 직무에 꼭 맞는 사람인가'라는 단 하나의 메시지를 담는 글이다.

쉽게 말해, 레쥬메가 성과를 보여 주는 문서라면, 커버레터는 그 성과를 회사와 연결해 주는 설득의 글이다.

(1주 차: 셀프 브랜딩, 나를 알아야 붙는다)

합격한 사람들의
3가지 공통점

외국계 기업에서 20년을 근무하며, 나는 수많은 지원자와 합격자를 가까이에서 지켜봤다. 그들의 배경은 참 다양했다. 국내 대학을 졸업하자마자 외국계 기업으로 들어간 사람, 국내 기업에서 10년 넘게 일하다 외국계 기업으로 이직한 사람, 영어를 유창하게 구사하는 사람, 그렇지 않은 사람까지. 그런데 합격자들의 이력을 깊이 들여다 보면 놀라울 정도로 몇 가지 공통점이 있었다. 그건 스펙이 아니라, **태도와 준비 방식, 그리고 성장에 대한 관점**이다. 나는 이 3가지를 외국계 기업이 원하는 '합격자의 3요소'라고 부른다.

1. 태도: 성과 중심의 사고방식

합격자들은 '무엇을 했나'보다 '무엇을 바꿨는가'에 중점을 둔다. 이들은 자신의 경력을 '결과'로 설명한다. 단순히 "마케팅 업무를 했다"라고 말하는 대신, "신제품 런칭 캠페인을 통해 매출을 전년 대비 25% 성장시켰다"처럼 수치와 변화를 함께 제시했다. 외국계 기업은 채용 과정에서 지원자가 가져올 비즈니스 임팩트를 계산한다. 그래서 합격자들은 경력 기술서나 면접에서 자신이 만든 변화를 지표로 보여 준다. 만약 당신의 일이 단순 반복처럼 보여도, '이 일을 통해 회사에 어떤 변화가 있었는가'를 항상 기록하라. 작은 개선이라도 숫자로 표현해야 한다. 이를테면, 이런 식이다.

- 보고서 프로세스 개선 → 보고서 작성 시간을 30% 단축
- 고객 클레임 처리 → 고객 불만 건수를 분기 평균 40% 감소

그리고 이에 더해 어떤 방법으로 이런 결과를 만들어 냈는지 덧붙이면 금상첨화다.

2. 준비 방식: 당장 투입 가능한 사람

합격자들은 직무별로 필요 역량이 완전히 다르다는 걸 알고 있다. 같은 영업이라도 B2B인지 B2C인지, 신제품 홍보인지 기존 고객 관리인지에 따라 필요한 기술과 경험이 달라진다. 예를 들어, 한 합격자는 IT 솔루션 영업 포지션에 지원하기 위해 이전 회사에서 경험한 프로젝트 중 IT 관련 사례만 골라 경력 기술서와 포트폴리오를 구성했다. 면접에서도 오직 IT 환경에서의 영업 성공 경험만 집중적으로 이야기했

다. 결과는? 면접관에게 '이 직무에 바로 투입 가능한 사람'이라는 강한 인상을 남겼다. 이것이 바로 채용 공고를 볼 때 '자격 요건'뿐 아니라 우대 사항과 업무 내용을 분석해야 하는 이유다. 포트폴리오나 경력 기술서는 목표 직무에 맞는 사례만 골라서 구성하는 것이 좋다.

3. 성장에 대한 관점: 지속 성장 마인드

미래 계획을 함께 보여 주어야 한다. 외국계 기업은 단기 성과뿐 아니라 지속적으로 성장할 사람을 원한다. 그래서 합격자들은 '앞으로 어떤 역량을 더 키울 계획인지'를 함께 이야기한다. 한 합격자는 면접 마지막에 이렇게 말했다. "저는 현재까지 고객 관리와 신규 영업을 중심으로 경험을 쌓았습니다. 앞으로는 데이터 분석 역량을 더 키워, 고객 인사이트 기반의 전략을 세울 수 있는 영업 전문가로 성장하겠습니다." 이는 단순한 포부가 아니었다. '이 사람은 앞으로 발전할 가능성이 있다'라는 강력한 신호였다. 변화가 빠른 시장에서 이런 태도는 곧 생존력이 된다. 면접이나 자소서에 '앞으로의 성장 계획'을 한 줄이라도 포함하자. 계획은 추상적이면 안 된다. "마케팅 공부를 하겠다" 대신 "데이터 분석 자격증을 취득하고, 고객 세그먼트별 반응을 실험하는 프로젝트에 참여하겠다"처럼 구체적으로 쓰라.

내가 외국계 기업에서 봐 온 합격자들은 결국 이 3가지를 모두 갖추고 있었다.

- 성과 중심: 숫자와 변화로 자신을 설명
- 직무 맞춤형 준비: 목표 직무에 꼭 맞춘 경력 포커싱
- 지속 성장 계획: 앞으로 어떻게 발전할지까지 제시

이건 하루아침에 완성되지 않는다. 하지만 방향을 잡고 꾸준히 준비하면, 유학 경험이 없더라도, 영어가 완벽하지 않아도 충분히 가능하다. 지금 할 수 있는 첫걸음은 간단하다.

- 지난 1년간 한 일을 숫자로 기록하라.
- 목표 직무의 채용 공고를 5개 이상 분석해 공통 키워드를 체크하라.
- 6개월 안에 달성할 작은 성장 계획을 세워라.

이 3가지를 오늘부터 시작한다면, 당신은 이미 합격자들과 같은 길 위에 서게 될 것이다.

> 1주 차: 셀프 브랜딩, 나를 알아야 붙는다

끌리는 산업과 직무를 찾는 노하우

"외국계 기업이 뭔지 아세요?"

처음 외국계 기업에 취업을 하고자 할 땐 솔직히 잘 몰랐다. 그냥 '구글 같은 회사?' 정도의 느낌이었다.

궁금해서 '외국계 기업'을 검색해 보니, 외국에 본사를 둔 회사가 한국에 들어와 만든 지사나 합작 회사를 말한다고 한다. 스타벅스 코리아, 나이키 코리아, 구글 코리아 같은 회사들이 다 국내에 자리한 외국계 기업이다.

처음에는 연봉이나 복지 같은 것들이 눈에 들어왔다. 그런데 막상 일해 보니, 외국계 기업의 진짜 매력은 '스스로 경험을 선택할 수 있다'라는 점이었다. 국내 기업처럼 누가 시켜서 움직이는 게 아니라, 내가 어떤 분야에 관심 있는지, 어떤 일을 하고 싶은지를 먼저 생각하게 되는 환경이다.

그러던 어느 날, 문득 이런 생각이 들었다. '이 많은 외국계 기업 중 하나쯤은 나에게도 열려 있지 않을까?' 그때부터는 달라졌다. '어디든 들어가기만 하자'라는 조급함 대신, **"나는 어떤 회사에서 어떤 일을 하고 싶은가?"라는 질문을 하게 되었다.** 그 질문의 답을 찾기 위해 먼저, 자신에 대해 알아야 했다. 내가 끌리는 분야는 무엇인지, 어떤 일을 잘하는지, 나만의 무기는 무엇인지. 요즘 자꾸 눈길이 가는 산업이나 브랜드는 어디인지.

예를 들면, 이런 것이다.

"저는 평소에 스포츠 브랜드의 광고나 캠페인을 유심히 보는 편이에요. 그 브랜드가 전하고 싶은 메시지가 뭔지, 어떤 이미지를 만들고 싶은 건지, 그런 걸 분석하는 걸 좋아했거든요."

이렇게 평소에 자주 검색하는 뉴스, 팔로우하는 브랜드, 구독하는 콘텐츠를 보면 내가 흥미를 느끼는 분야를 알 수 있다. 패션 브랜드를 팔로우하면서 광고 메시지를 분석하는 사람의 무대는 패션 산업, 마케팅 직무이다.

지금부터는 내가 가장 자신 있게 기여할 수 있다고 느끼는 일은 무엇인가 생각해 보자. 학창시절 팀 프로젝트를 할 때인가? 발표와 기획

안 만드는 걸 맡았는데, 그때 세부적인 아이디어를 내는 것보다 어떻게 발표할지를 고민하고 실제 무대에 섰을 때 더 흥분되는 경험을 하는 사람이 있다. 그런 경험이 한두 번 쌓이면, 자연스럽게 '나는 콘텐츠 기획보다 마케팅 업무를 잘할 수 있겠다' 싶을 것이다.

지금부터는 '내가 가장 몰입했던 순간'과 '칭찬받았던 역할'을 떠올려 보자. 자신만의 무기가 될 수 있는 언어나 배경 지식, 경험은 무엇인지 말이다.

전공이 프랑스어라 프랑스 기업에 관심이 생긴 후배가 있었다. 특히 프랑스 패션 브랜드는 문화적인 배경도 알고 있어서 면접이나 지원서에 이야기할 수 있는 게 많았다고 한다.

"프랑스어를 전공한 뒤, 프랑스 관련 산업에 자연스럽게 관심이 생겼어요."

이 경우 프랑스계 소비재 기업에서 마케팅, 글로벌 커뮤니케이션 직무를 하면 좋을 것이다.

취업은 누군가의 선택을 기다리는 일이 아니라, 결국 '어떤 분야에서 어떤 방식으로 일하고 싶은지'를 먼저 정하는 일이다. 외국계 기업은 그런 점에서 '나다운 전략'을 세우기 좋은 무대이다. 처음부터 완벽할 필요는 없다. 지금 자꾸 눈길이 가는 산업, 가장 잘할 수 있는 일, 능통한 언어나 과거의 경험이 어울릴 분야부터 차근히 정리해 보면 된다. 자신의 가능성을 설명하는 첫 문장을 찾는 순간, 당신만의 커리어를 펼칠 무대가 열릴 것이다.

> 1주 차: 셀프 브랜딩, 나를 알아야 붙는다

의외로 모르는 나만의 핵심 메시지 찾는 법

"커버레터부터 써 볼까요, 아니면 레쥬메가 먼저일까요?"

취준생이라면 한 번쯤 고민하는 질문이다. 나도 그랬다. 왠지 커버레터를 먼저 쓰는 편이 더 나의 진심이 제대로 전해질 것 같았다. 내 이야기를 풀어 내면 감동이 생기고, 글을 잘 쓰면 금방이라도 붙을 것 같은 느낌. 그래서 나도 자꾸 커버레터부터 붙잡았다. 그런데 몇 줄 쓰다 보니 멈칫거리다 결국 막혔다. 무슨 이야기를 꺼내야 할지 모르겠고, 어떤 흐름으로 써야 할지도 막막했다. 애써 마음을 다잡고 다시 써 봤지만, 문장 하나 쓰는 데 너무 긴 시간이 걸렸다. 나중에는 괜히 자신감만 떨어졌다. 그 이유는 단순했다.

'나를 모르는데, 나를 설명하려 하니까 힘든 것이다'

커버레터는 단순히 경력과 활동을 나열하는 문서가 아니다. 내가 어떤 사람인지, 어떤 경험을 해 왔고, 그 경험에서 무엇을 배웠는지를 객관적으로 정리하는 도구다. 말하자면, 나 자신을 '비즈니스 언어'로 바꾸는 작업이다. 예를 들어 누군가는 이렇게 쓴다.

"OO 프로젝트에 열심히 참여했습니다."

하지만 레쥬메에서는 이렇게 바뀌어야 한다.

"브랜드 SNS 캠페인 콘텐츠 10건 기획 및 운영, 4주간 팔로워 수 35% 증가"

이렇게 숫자와 결과 중심으로 정리된 문장은, 나의 기여도를 명확하게 보여 준다. 그 결과, '나'라는 사람을 스스로 더 잘 이해하게 된다.

"내가 한 일 중 어떤 게 가장 가치 있었지?"
"내가 몰입했던 순간은 언제였지?"

이런 질문에 스스로 답하며, 자연스럽게 나의 강점과 관심사가 드러난다. 신기하게도 레쥬메를 먼저 정리하면, 커버레터는 훨씬 쉽게 풀린다. 이미 경험이 구조화되어 있고, 어떤 키워드로 나를 설명할지도 정해지기 때문이다. 커버레터는 '감정의 편지'가 아니라, 핵심을 강조하는 요약문이다. 그저 감동적인 말만 나열하는 지면이 아니다.

"내가 이 직무에 어울리는 이유는 이것입니다."
"이 회사에 지원한 이유는 이 경험과 연결됩니다."

이렇게 말할 수 있어야 한다. 그 모든 흐름은 레쥬메라는 서류로 보여 줄 수 있다. 외국계 기업은 대부분 이 한 장으로 지원자를 판단한다. 그 안에서 어떤 경험을 했고, 어떤 문제를 해결했으며, 어떤 방식으로 기여했는지가 보여야 한다. 그렇기 때문에 글이 길 필요가 없다. '이미 준비된 사람'이라는 인상을 줘야 하기 때문이다.

그리고 여기에 더해지는 커버레터는 '왜 이 회사인가'를 설명하는 보완재다. 경험 전체를 다시 나열하는 것이 아니라, 회사에 맞춰 강조점을 조정하고, 나와 기업의 연결고리를 보여 주는 전략적 요약문이다. 경력이 많든 적든 중요한 것은 '그 경험을 어떻게 정리하느냐'다. 단기간의 아르바이트든 동아리 활동이든, 자원봉사든 상관없다. 그 안에서 성과와 역할을 꺼내고, 커뮤니케이션·문제 해결·리더십·분석 역량 같은 키워드와 연결해 보라. 그러면 어느새 자연스럽게 "나는 이런 사람입니다"라고 자신 있게 말할 수 있게 된다. 그래서 나는 이렇게 강조하고 싶다.

"커버레터는 잠시 미뤄요. 먼저 나부터 정리할게요."

그게 커리어 브랜딩의 첫걸음이니까.

1주 차: 셀프 브랜딩, 나를 알아야 붙는다

[브랜딩 노트]
나의 경험 키워드 정리 가이드

커버레터를 잘 쓰기 위해선, 우선 나의 경험을 '비즈니스 언어'로 정리할 수 있어야 한다. 내가 어떤 사람인지, 어떤 키워드로 나를 설명할 수 있는지를 찾아내는 첫 정리 훈련이다.

〈커버레터보다 먼저 써 보는 나의 이야기 정리법〉
Step 1. 기억에 남는 '업무 경험' 3가지를 떠올려 보자

인턴, 아르바이트, 동아리, 팀플, 공모전, 봉사활동 등 실제로 책임감을 가지고 했던 활동이면 충분하다.

- 고객 응대 아르바이트에서 불만 해결 담당 → 재방문율 20% 향상
- 콘텐츠 공모전 참여 → SNS 콘텐츠 영상 기획 및 조회수 5,000회 달성

- 팀 프로젝트 리더 → 발표 자료 제작 및 팀 일정 조율

Step 2. 각 경험을 대표하는 키워드를 붙여 보자

경험마다 중심이 되는 '역량 키워드'를 정리해 보자.
(예: Communication, Leadership, Data Analysis, Teamwork, Problem-Solving, Content Creation 등)

- 고객 응대 아르바이트 → Communication
- SNS 콘텐츠 공모전 → Content Creation
- 팀플 리더 경험 → Leadership / Coordination

Step 3. 커버레터에서 강조하고 싶은 '핵심 키워드' 하나를 골라 보자

지원 직무와 연결될 수 있는 나만의 강점을 하나 고르고, 왜 그걸 선택했는지도 간단히 적어 보자.

- 선택한 키워드: Communication
- 이유: 고객 응대, 팀워크, 발표 등 다양한 경험에서 이 역량을 반복적으로 적용했고, 지원하는 마케팅 직무에도 중요한 능력이기 때문

> 1주 차: 셀프 브랜딩, 나를 알아야 붙는다

[ChatGPT 팁]
나의 키워드를 한 줄 성과 문장으로!

"한 단어로 시작해, 한 문장으로 나를 보여주자."

이제 나만의 핵심 키워드를 정리했다면, 그 키워드를 한 줄의 '성과 중심 문장'으로 구체화해 나에 대해 좀 더 객관적으로 알아보자. 외국계 기업의 레쥬메는 단순한 활동 나열이 아니라, 결과 중심의 스토리를 짧게 요약하는 문서다.

즉, '무엇을 했는가(What)'보다 '무엇을 바꿨는가(Impact)'를 보여 줘야 한다. 여기서 나의 키워드에 좀 더 선명하게, 힘을 실을 수 있다.

ChatGPT를 활용해 이렇게 입력해 보자.

"I want to turn my experience keywords into resume bullet points.

Please help me write 3 action-based achievement statements using measurable results. My keywords are: Communication, Teamwork, and Problem-Solving."
(제 경험 키워드로 레쥬메 문장을 만들고 싶습니다.
측정 가능한 결과가 포함된 행동 중심 문장 3개를 써 주세요.
제 키워드는 Communication, Teamwork, Problem-Solving입니다.)

ChatGPT는 다음처럼 제안할 것이다.

"Resolved customer complaints, improving satisfaction scores by 20%."
(고객 불만을 해결하여 만족도 점수를 20% 향상)
"Led a 5-member team to deliver a group project ahead of deadline."
(5인 팀을 리드하여 기한보다 일찍 프로젝트 완수)
"Analyzed survey results and presented insights to the management team."
(설문 데이터를 분석하고 경영진에 인사이트 보고)

√ 직접 따라 해 보기

Step 1. 5장에서 정리한 키워드 3개를 불러 온다.

예: Communication / Leadership / Creativity

Step 2. 각 키워드로 내가 실제로 한 일을 한 줄씩 써 본다.
예: "팀 프로젝트에서 의견을 조율하며 기한 내 발표 완성"

Step 3. ChatGPT에게 다음과 같이 요청한다.
"Please turn this into an achievement-based resume bullet point with numbers if possible."
(이 문장을 성과 중심 레쥬메 문장으로 바꿔주세요. 가능하면 숫자를 포함해 주세요.)

그러면 ChatGPT가 이렇게 정리해 준다.

Before: "팀 프로젝트에서 의견을 조율하며 기한 내 발표 완성"
After: "Coordinated a 5-member team project, submitting final presentation 2 days early." (5인 팀 프로젝트를 조율해 최종 발표를 이틀 앞당겨 제출)

짧지만 명확하다. 한 문장 안에 '무엇을 했고(행동)', '어떤 결과를 냈는지(성과)'가 담겨 있다.

> **핵심 팁**

1. 숫자가 없으면 '질적 결과'를 넣자.

예: "improved clarity of presentation," "received positive feedback from professor."

2. ChatGPT의 문장을 그대로 쓰지 말고, 나의 말투와 상황에 맞게 다듬자.

짧게 써도 괜찮다. 한 줄에 행동(Action) + 변화(Result)만 담기면 충분하다.

3. 핵심은 '키워드를 행동으로, 행동을 결과로 바꾸는 것'.

한 줄이라도 이 구조를 담는다면, 그 문장은 이미 합격자의 문장이다.

2주 차: 이기는 레쥬메·커버레터 작성법

서류 심사의 시작과 끝, 레쥬메와 커버레터

"레쥬메랑 커버레터를 같이 내라고 하는데, 그냥 똑같이 쓰면 안 돼요?"

처음 외국계 기업에 지원하는 취준생에게 자주 듣는 질문이다. 물론 둘 다 '나'를 소개하는 글이긴 하지만, 목적은 완전히 다르다. 한 장은 당신을 증명하는 거고, 한 장은 회사를 설득하는 거다. 똑같이 나를 보여 주는 두 장의 문서가 어떻게 다른 기능을 할까?

레쥬메는 내가 해 온 일과 그 결과를 한눈에 보여 주는 문서다. 채용 담당자는 수십, 수백 장의 레쥬메를 본다. 한 장당 보는 시간은 평균 10초에서 30초 정도. 그래서 길게 설명하는 글이 아니라, 짧지만 핵심이 한눈에 보이게 써야 한다. 예를 들어, 이렇게 쓰는 건 금물이다.

"마케팅 프로젝트에 참여함" 대신 이렇게 쓰면 훨씬 낫다.

"신제품 캠페인 기획·운영, 3주간 SNS 팔로워 35% 증가"

이게 중요한 이유는, 숫자와 구체적인 결과가 읽히는 순간 '아, 이 사람 일 잘하네'라는 신호가 바로 전달되기 때문이다. 이 방식을 'Action + Result'라고 부른다. Action은 내가 한 행동(기획, 개발, 개선 등)이다. Result는 그 행동의 결과(비율, 금액, 기간의 변화 등)이다.

레쥬메는 나의 활동을 "나는 이렇게 일했고, 이런 변화를 만들었어요"라고 보여 주는 '증명서'인 셈이다.

그렇다면, 커버레터는 어떻게 나를 설득해서 보여 줄 수 있을까? 레쥬메가 '내가 누구인지' 보여 주는 사진이라면, 커버레터는 '나를 왜 뽑아야 하는지'를 설명하는 편지라고 보면 된다. 예를 들어 레쥬메에 이렇게 적혀 있다고 하자. "SNS 콘텐츠 기획·운영, 팔로워 35% 증가"

이걸 커버레터에서는 이렇게 연결한다.

"저는 대학 축제 홍보팀에서 SNS 콘텐츠를 기획·운영하며 팔로워를 35% 늘린 경험이 있습니다. 이 과정에서 타깃 분석과 콘텐츠 실험의 중요성을 배웠고, 귀사의 글로벌 캠페인에도 이 전략을 적용해 보고 싶습니다."

즉, 커버레터는 단순히 내가 했던 일을 말하는 게 아니라, 그 경험이 회사에 어떻게 도움이 되는지를 연결하는 글이다. 레쥬메만 보면 "이 사람, 업무 경험은 있네"에서 끝나지만, 커버레터까지 보면 "아, 이 사람은 우리 회사에 맞네"라는 확신이 생긴다. 레쥬메는 팩트, 커버레터는 스토리를 담당한다. 두 문서가 역할을 나누어 지원자를 더욱 입체적으로 보여 주는 것이다.

외국계 기업에 합격한 후배도 자신을 이렇게 정리했다. 레쥬메 첫 줄에는 "콘텐츠 기획·운영, 팔로워 35% 증가" 그리고 커버레터의 첫 문장에는 "콘텐츠 실험으로 팔로워를 35% 늘린 경험을 귀사의 글로벌 마케팅에 연결하고 싶습니다"라고 썼다. 이렇게 두 문서를 구분하자, 글이 훨씬 빨리 써졌다. 그리고 면접에서도 당당하게 말할 수 있었다.

여기서 기억해야 할 핵심은 '**팩트와 스토리의 분리**'이다. 레쥬메는 팩트, 즉 사실을 쓴다. 내가 해 온 일과 그 결과를 작성하기에 숫자, 성과, 기간을 포함하는 게 좋다. 반면, 커버레터에는 왜 이 회사에 지원했는지를 담는다. 내 경험이 회사와 어떻게 연결되는지를 보여 주는 것이다. 이를 통해 면접자는 지원자가 회사에 어떤 기여하게 될지 알 수 있다.

> 2주 차: 이기는 레쥬메·커버레터 작성법

결과 중심 레쥬메 작성법은 이렇게

"마케팅 인턴 근무"
"SNS 운영 경험 있음"

레쥬메는 이렇게 쓰면 안 된다. 물론 잘못된 점은 없다. 문제는 너무 평범하다는 것이다. 면접관의 관점에서 "그래서 그 일을 얼마나 잘 했는데?"라는 궁금증이 풀리지 않는다. 채용 담당자는 하루에도 수십 장, 많게는 수백 장의 레쥬메를 본다. 단순히 '했다'라고만 쓰여 있고, 게다가 누구나 한 번쯤 해 본 경험이라면 요즘 말로 '순삭'이다.

대신에 이렇게 써 보자. **'했다'에서 '바꿨다'로!**

외국계 기업이 원하는 건 '경험 목록'이 아니라 '변화를 만든 증거' 다. 즉, 무엇을 했나Action뿐 아니라, 그 결과가 어땠는지Result까지 함께 보여 줘야 한다. 예를 들어 위에서 말한 마케팅 인턴 근무 일을 이렇게 바꿔 보자.

- "마케팅 인턴 근무" → 온라인 마케팅 인턴, SNS 캠페인 기획·운영, 4주간 팔로워 35% 증가
- "SNS 운영 경험 있음" → A/B 테스트로 콘텐츠 도달률 2배 향상

이렇게 쓰면, 단순히 '운영했다'가 아니라 운영해서 이렇게 달라졌다'라는 메시지가 한눈에 들어온다. 이게 바로 'Action + Result' 방식이다.

Action: 행동

기획했다(Planned), 개선했다(Improved), 개발했다(Developed), 실행했다(Executed)

Result: 행동의 결과

매출 20% 증가, 업무 시간 30% 단축, 팔로워 1,000명 증가

이 두 가지를 합치면 이런 식으로 작성할 수 있다.

"고객 불만 처리 프로세스 개선, 분기별 불만 건수 40% 감소"
"프로모션 기획·집행, 2주간 신규 가입자 500명 유치"

그렇다. 숫자로 결과를 보여 주는 것이 중요하다. 숫자는 '증거'다. "매출이 늘었다"보다 "매출이 20% 늘었다"가 훨씬 구체적이다. "빠르게 처리했다"보다 "처리 시간을 30% 줄였다"가 더 설득력 있다. 외국계 기업에서는 특히 성과를 수치로 표현하는 습관을 높게 평가한다. 왜냐하면 수치는 '내가 기여한 정도'를 명확하게 보여 주기 때문이다.

같은 경험이지만, 행동과 결과를 모두 보여 준 레쥬메는 '이 사람이 뭘 잘하는지'와 '어떤 변화를 만들었는지'가 한눈에 들어온다. 이제부터는 모든 경험을 수치로 기록하는 습관을 들이자. 인턴이든, 아르바이트든, 팀 프로젝트든 상관없다. 수치는 꼭 돈이나 매출만이 아니다. 비율, 시간, 횟수, 달성 기간도 모두 좋은 지표다. 지표를 작성할 때 다음 질문을 참고하면 좋다.

Q. 이 일을 하기 전과 비교해 무엇이 달라졌나?
그 변화는 수치로 표현할 수 있는가?
그 결과가 팀이나 회사에 어떤 영향을 주었나?

A. 고객 불만 해결 경험 있음
-> 고객 불만 대응 프로세스 개선, 재방문율 15% 증가

팀 프로젝트 리더 경험 있음
-> 팀 프로젝트 일정·역할 재배치, 발표 점수 10점 만점 중 9점 달성

또한 외국계 기업 특성상 영어로 작성을 해야 하기 때문에 단어 선택에도 신중해야 한다. 같은 경험이라도 시작 단어(동사, Verb)에 따라 인상이 달라지기 때문이다. 외국계 기업 레쥬메에 자주 쓰이는 'Action Verb'는 이런 것들이 있다.

- Initiated(시작했다)
- Led(이끌었다)
- Improved(향상했다)
- Developed(개발했다)
- Increased(늘렸다)
- Reduced(줄였다)
- Coordinated(조율했다)

"Lead team meetings(팀 회의 진행)"이라고 쓰기보다는 "Coordinated weekly team meetings to align project goals, reducing delays by 20%(주간 팀 회의를 조율하여 프로젝트 목표를 일치시켰고, 그 결과 지연을 20% 줄였다)."라고 쓴다.

레쥬메 문장은 짧지만 강한 임팩트를 보여 줘야 한다. 결과 중심 레쥬메의 핵심은 짧은 문장 안에 '무엇을 했는지'와 '어떤 변화를 만들었는지'가 모두 보이는 것이다.

레쥬메는 내 인생 스토리를 줄줄이 나열하는 자전적인 소설이 아니다. 군더더기 없이 핵심만, 그러나 읽는 순간 '이 사람은 꼭 뽑고 싶다'라는 생각이 들게 해야 한다. 그리고 이렇게 정리된 레쥬메는 커버레터, 영어 면접 답변에도 그대로 활용할 수 있다. 이로 인해 '이 경험을 어떻게 설명할까?'라는 고민이 줄고, 면접 때도 더 자신 있게 말할 수 있다.

〈외국계 기업 레쥬메의 작성 팁: "딱 한 장에 나를 담아라"〉

외국계 기업에서는 대부분 다음과 같은 '레쥬메' 형식을 쓴다. 목적은 딱 하나이다. "이 사람이 왜 이 포지션에 적합한가?" 그러니 가장 중요한 건 디자인이 아니라 내용의 정합성과 타깃팅이다. 기본 구성은 다음과 같다.

1. Header (이름 + 연락처 + 링크드인(LinkedIn) URL)
이름은 가장 상단에, 볼드 처리
전화번호, 이메일, 링크드인 주소(포트폴리오가 있다면 함께)

2. Summary (간결한 한 줄 소개)
당신이 누구인지 한 문장으로 쓴다.

"Marketing graduate with internship experience in digital

strategy and content creation."
(디지털 전략과 콘텐츠 제작 인턴십 경험을 보유한 마케팅 전공자)

3. Experience (경력, 인턴, 프로젝트 중심)

회사명, 직책, 기간, 하단에 두세 줄로 구체적인 수행 업무와 결과 작성(가급적 성과는 수치화)

☐ Planned and executed Instagram campaign that increased engagement by 25% within a month.
(인스타그램 캠페인을 기획·운영하여 한 달 만에 참여도 45% 증가)
☐ Created weekly Instagram posts for student club, increasing followers by 150 in two months.
(동아리 인스타그램 주간 콘텐츠 제작으로 두 달 만에 팔로워 150명 증가)
☐ Organized a campus event with 10 teammates, attracting 300 students.
(10명의 팀원과 함께 교내 행사를 기획·운영하여 300명 참여 유도)
☐ Built Excel budget sheet for class project, improving accuracy of cost analysis.
(수업 프로젝트에서 엑셀 예산 관리표를 제작해 비용 분석 정확성 향상)

4. Education (학력)

학교명, 전공, 졸업 연도, 장학금, 수상, GPA 등 간단히 기입

5. Skills (직무 관련 역량)

Excel, PowerPoint, Tableau, Python, SQL, Adobe 등 외국어 능력도 이 항목에 포함 가능

이처럼 숫자와 동사로 시작되는 문장은 시선을 끌고, 결과 중심의 사고방식을 보여 준다. 그리고 이 방식은 경력이 많은 사람만 가능한 게 아니다. 신입일수록 더 필요한 전략이다. 실무 경험이 부족하다면, 관련 전공 수업에서 수행한 프로젝트, 자격증 준비 과정, 혹은 학회 활동 속에서 얻은 인사이트를 연결하면 된다. 예를 들어, 자격증 하나를 따기까지의 과정도 스토리가 될 수 있다. 단순히 "Achieved CPIM Certification(자격증 보유)"라고 적는 대신, "Studied global logistics strategy for CPIM certification, applying concepts to class simulation projects(CPIM 자격증 취득을 위해 글로벌 물류 전략을 학습하고, 시뮬레이션 프로젝트에 개념을 적용함)"처럼 쓰는 것이다. 그 안에는 준비의 진정성, 적용 능력, 그리고 주도적인 태도가 담겨 있다.

레쥬메는 화려한 종합 선물세트가 아니다. 오히려 하나의 직무에 맞는 단단한 메시지를 가진 일기장에 가깝다. 읽는 사람에게 '이 지원자는 이 일을 하기 위해 이렇게 준비해 왔구나'라는 확신을 줄 수 있어야 한다. 그 확신이 들면, 채용 담당자는 바로 다음 단계를 준비한다. 그리고 무엇보다 중요한 건, **레쥬메는 '지금의 나'를 잘 보여 주는 문서**라는 점이다.

내가 할 수 없는 것을 억지로 포장하는 게 아니라, 지금 가진 역량을 최대한 솔직하고 전략적으로 보여 주는 것이다. 그래서 레쥬메를 쓰는 일은 결국, 스스로를 돌아보는 일이기도 하다.

쓰다 보면 '나는 왜 이 직무에 끌리는 걸까?' '나는 어떤 방식으로 일하는 사람일까?'라는 질문과 마주하게 된다. 그 과정을 통해 자기 이해가 깊어지고, '나'라는 사람의 윤곽이 명확해진다. 그렇게 완성되면 레쥬메는 더 이상 단순한 서류 한 장이 아니다. 그것은 바로, 내가 나를 소개하는 강력한 광고가 된다.

여기서 중요한 건, 숫자 그 자체가 아니라, 그 숫자에 '나의 기여'가 담겨 있느냐이다. 그리고 그 기여가 얼마나 실무와 연결될 수 있을지를 보여 주는 것이다. **결국 좋은 레쥬메란, 숫자와 키워드, 경험과 태도가 유기적으로 연결된 문서다.** 단 한 줄로도 '이 사람, 진짜 일할 준비가 돼 있구나'라는 인상을 남길 수 있는 레쥬메. 그게 바로 '합격 서류'다.

이건 대단한 컨설팅 업체가 대신 작성해 주는 게 아니다. 지금부터 자신이 차곡차곡 경험을 쌓고, 해 온 일을 정리해 보는 데서 시작된다. 경험이 적다고, 수치가 작다고 주저하지 않아도 된다. 지금 당신이 하는 그 일 안에도, 분명히 내세울 만한 가치가 있다. 그걸 스스로 찾아내고, 꺼내어 말하는 연습. 그게 바로 외국계 기업이 원하는 사람의 첫 번째 자질이다. 예를 들면, 직무별 경험을 다음과 같이 쓸 수 있다.

▢ **마케팅/홍보 관련**

- Created weekly Instagram posts for student club, increasing followers by 250 in two months.
(동아리 인스타그램 주간 콘텐츠 제작으로 두 달 만에 팔로워 250명 증가)
- Assisted marketing team during internship, preparing promotional materials for product launch.
(인턴십 동안 마케팅팀을 도와 제품 출시 홍보 자료 제작 지원)
- Coordinated weekly study group sessions, increasing attendance rate by 40%.
(주간 스터디 모임을 진행하여 참여율을 40% 향상)

▢ **회계/재무 관련**

- Prepared monthly expense reports during internship, reducing errors by 20%.

(인턴십 기간 월별 경비 보고서를 작성하며 오류를 20% 줄임)

- Built a budget tracking sheet in Excel for a school project, improving accuracy of cost analysis.

(학교 프로젝트에서 엑셀 예산 관리표를 제작해 비용 분석 정확성 향상)

☐ **물류/SCM 관련**

- Supported warehouse inventory check as a part-time job, improving stock accuracy.

(아르바이트로 창고 재고 점검을 지원하며 재고 정확성 향상)

- Participated in a supply chain simulation project, learning how to optimize delivery routes.

(수업 내 공급망 시뮬레이션 프로젝트 참여를 통해 배송 경로 최적화 학습)

☐ **기타(팀워크·리더십)**

- Led a 5-member team project in class, delivering results 2days ahead of schedule.

(수업에서 5명의 팀 프로젝트를 리드하여 제출 기한 2일 단축)

- Coordinated weekly meetings for a student club, improving member participation rate by 25%.

(동아리 주간 회의를 진행하며 회원 참여율을 25% 높임)

2주 차: 이기는 레쥬메·커버레터 작성법

절대 빠지면 안 되는 3가지 요소

"경험도 많이 썼고, 활동도 다 적었는데… 뭔가 허전한데?"

서류를 준비하다 보면 이런 순간이 온다. 그 허전함의 정체는 바로 핵심 요소가 빠져 있기 때문이다. 외국계 기업에서 20년 동안 다양한 이력을 가진 사람을 살펴본 결과, 이 3가지 핵심 요소 없이 합격하는 경우는 거의 없었다. 반대로, 경험이 조금 부족해도 이 3가지만 확실하면 합격 가능성이 쑥 올라간다. 그 3가지는 바로 ①연락처, ②직무 키워드, ③성과 수치이다.

1. 연락처: HR의 빠른 연락 확보

아무리 멋진 경험을 작성해도, 연락이 안 되면 끝이다. 너무나 기본적인 상식이지만 놀랍게도 회신할 때 실수하기 딱 좋게 이메일 아이디를 복잡하게 만들거나 전화번호를 잘못 기재하는 경우가 많다.

- 이메일: jiho.park@gmail.com(복잡한 기호나 단어를 배제하고 깔끔하고 간단하게)
- 전화번호: +82-10-1234-5678(해외 인사팀도 바로 연락할 수 있게 국가번호 포함)
- LinkedIn: 링크 추가(단, 최신 상태로 업데이트!)

합격자의 공통점 중 하나는, 레쥬메를 보자마자 5초 안에 '이 사람에게 연락하는 방법'을 바로 발견할 수 있다는 것이었다.

2. 직무 키워드: ATS 시스템을 통과하는 숨은 열쇠

외국계 기업은 담당 직원이 레쥬메를 보기 전에 ATS(지원자 추적 시스템)이라는 프로그램에 레쥬메를 넣어 키워드를 검색한다. 이 ATS는 채용 공고에 나오는 단어가 레쥬메에 있는지 확인한다. 예를 들어, 채용 공고에 이렇게 쓰여 있다고 해 보자.

"Data analysis"
"Project management"
"Customer relationship"

그렇다면 레쥬메에도 똑같은 사항을 넣어 줘야 한다. 그렇지 않으면, 담당 직원의 손에 닿기도 전에 탈락할 수 있다. 만약 레쥬메에 위의 사항을 기록한다면 이렇게 쓰면 안 된다.

"Experience handling data."
(데이터 다룬 경험 있음)

대신에 이렇게 쓰자. 단어 하나 차이로 합격과 불합격이 갈릴 수 있다.

"Performed data analysis using Excel to identify sales trends and improve forecasting accuracy by 15%."
(엑셀을 활용해 데이터 분석을 수행, 판매 추세를 파악하고 예측 정확성을 15% 향상)

3. 성과 수치: '뭘 했는지'보다 '뭘 바꿨는지'

외국계 기업은 '열심히 했다'보다 '무엇이 달라졌는지'를 본다. 그래서 모든 경험에 숫자를 꼭 넣어야 한다. 이는 재차 강조해도 지나치지 않다. 예를 들면, "프로젝트 리더 경험 있음" "고객 문의 응대"라고 쓰는 것은 좋지 않다. 대신에 이렇게 쓰자.

"Created Excel reports for inventory, reducing stock check

time from 2 hours to 1 hour." (재고 관리 엑셀 보고서를 작성해 재고 확인 시간을 2시간에서 1시간으로 단축)

"Assisted in store sales, contributing to a 10% increase in weekend revenue."

(매장 판매를 지원하여 주말 매출 10% 증가에 기여)

숫자가 들어가면, 내가 한 일이 구체적으로 보이고 신뢰도도 올라간다. 이 과정을 점검표 대신 이야기 방식으로 정리해 보자.

"내가 HR이라면, 이 사람에게 연락하는 방법을 5초 안에 찾을 수 있을까?"

"채용 공고 속 단어와 내 레쥬메 속 단어가 서로 대화를 나누고 있나?"

"내 경험 중, 숫자로 바꿔 말할 수 있는 건 모두 변환했나?"

이렇게 3가지 질문에 '네'라고 답할 수 있다면, 당신의 레쥬메는 기본 골격이 완성된 것이다. 레쥬메를 쓸 때 많은 사람이 '경험 부족'을 고민하지만, 사실 부족한 건 경험이 아니라 보여 주는 방법인 경우가 많다. 연락처, 직무 키워드, 성과 수치. 이 3가지는 선택이 아니라 필수이다. 그리고 이 3가지를 채우는 과정에서 자연스럽게 "나는 어떤 일을 잘하는 사람인지"라는 나만의 핵심 메시지도 완성된다.

2주 차: 이기는 레쥬메·커버레터 작성법

채용 공고 분석법: JD가 알려 주는 채용 의도

취업 준비할 때, 채용 공고(Job Description, 이하 JD로 표기)는 꼭 봐야 하는 지도이다. 그런데 많은 지원자가 JD를 대충 보고 넘어 간다. 마치 지도를 펼쳐 놓고, 목적지만 살핀 뒤 상세한 경로는 간과하는 것 과 같다. 20년 경험상, 합격하는 사람들은 JD를 '읽는' 게 아니라 '해석' 한다. 즉, 회사가 어떤 사람을 찾는지, 어떤 문제를 해결하고 싶은지를 읽어 낸다.

JD는 쉽게 말해, 쇼핑할 때 사야할 것을 꼼꼼히 기록해 놓은 '장보 기 리스트'와 같다. 예를 들어, JD에 이렇게 쓰여 있다고 해 보자.

- SNS 콘텐츠 기획 경험
- 데이터 분석 능력
- 고객 커뮤니케이션 스킬

이는 회사가 지금 '이 3가지를 할 수 있는 사람'을 찾고 있다는 뜻이다. 그러니 레쥬메와 커버레터에 이 3가지를 반드시 넣어야 한다.

JD를 읽을 때, 그냥 처음부터 끝까지 읽지 말고 반복되는 단어와 표현에 밑줄을 그어 보자. 예를 들어 마케팅 직무 JD라면 이런 키워드가 자주 나올 수 있다.

- Campaign
- Content creation
- Engagement
- Data analysis
- Collaboration

이렇게 뽑은 단어가 바로 ATS 통과 비밀번호이자, 면접관이 듣고 싶어 하는 언어이다. 키워드만 알아서는 소용없다. 이를 내 경험과 연결해 줘야 한다. 예를 들어 JD 키워드가 'Collaboration'이라면 이렇게 쓸 수 있다.

"Collaborated with 5 team members to launch a school festival marketing campaign, increasing attendance by 20%."
(5명의 팀원과 협업하여 학교 축제 마케팅 캠페인을 진행, 참여 인원을 20% 증가시킴)

혹은 'Data analysis'라면,

"Analyzed survey data from 200customers to improve service satisfaction score from 3.8 to 4.5."
(200명의 고객 설문 데이터를 분석하여 서비스 만족도 점수를 3.8에서 4.5로 향상시킴)

이때부터 회사가 찾는 단어와 내 경험이 '대화'를 시작한다.

JD는 때론 '채용 의도'를 숨길 때도 있다. JD에는 가끔 이렇게만 쓰여 있다.

- 빠른 환경에서 일할 수 있는 사람
- 문제 해결 능력
- 자기 주도적 업무 수행

이는 사실 이렇게 해석할 수 있다. '우리 팀은 속도가 중요하다'라는 것. 예상치 못한 문제도 스스로 해결할 줄 알아야 하며, 누가 시키기 전에 먼저 움직이는 사람이 필요하다는 것이다.

이처럼 단순한 문장 뒤에 숨은 회사의 고민과 상황을 이해하면, 레쥬메·커버레터·면접 답변까지 하나의 흐름으로 만들 수 있다. 그러니, JD

를 그냥 읽지 말고, 분석하고 나의 단어에 맞춰 대화를 시도해 보자.

먼저, 지원하려는 직무의 핵심 키워드를 수집해 보자. 아마도 반복되는 단어가 보일 것이다. 대략 5개 정도를 표시하자. 표시에서 끝내는 것이 아니라 그 뒤로는 내 경험과 연결하자. 각 키워드 옆에 연결할 수 있는 경험 한 줄을 작성해 보면 된다. 여기서 채용 의도가 보인다.

단순 문장 속에서 회사가 원하는 '태도와 역량'을 파악해 보자. 그리고, 이를 레쥬메에 반영하면 된다. 키워드를 레쥬메의 성과 문장 안에 자연스럽게 넣어 보자는 것이다. 마지막으로, 다시 한번 이를 강조하고자 한다면 커버레터에 연결해 보자. JD 속 핵심 단어와 내 강점을 이어주는 문장 만들기를 해 본다. 바로 이렇게 말이다.

JD 분석 미시도: "Managed social media account for a student club."(학교 동아리 SNS 운영 경험 있음)

JD 분석 후: "Planned and executed a 3-week content campaign for a school club's Instagram account, increasing engagement rate by 35%, aligning with company's focus on data-driven marketing."

(3주간 학교 동아리 인스타그램 캠페인을 진행해 참여율을 35% 향상했으며, 이는 회사의 데이터 기반 마케팅 전략과 연결됨)

같은 경험임에도, JD 속 키워드를 반영하니 '바로 쓸 수 있는 사람' 처럼 보이지 않는가?

JD는 회사를 위한 안내문 같지만, 사실은 당신을 위한 맞춤형 가이드북이다. 여기에 나온 단어와 요구사항을 내 경험과 연결하면, 레쥬메와 커버레터는 '단순한 문서'가 아니라 회사 전용 자기소개서로 변신한다. 합격자들은 이 과정을 습관처럼 하고 있다. 그리고 이 습관 하나가, 합격률을 2~3배 이상 끌어올린다.

〈레쥬메 & 커버레터 실전 템플릿〉

앞에서 우리는 레쥬메와 커버레터를 통해 '내가 왜 이 일을 하고 싶은지' '왜 내가 적임자인지' 정리하는 법을 살펴봤다. 이제는 정리된 사항을 실제 문장으로 바꿔 낼 시간이다.

지금부터는 '생각 정리용'이 아니라, '실전용' 작성법을 소개하겠다. 핵심은 단 하나, '나를 설명하는 문장'을 JD와 연결하는 것이다. 멋진 글보다, 명확한 한 줄이 합격을 만든다.

[레쥬메 구성 가이드(예시 - 마케팅 직무)]

- Name: Jane Doe

- Email: janedoe@email.com
- Phone: +82-10-1234-5678

SUMMARY

Result-driven marketing junior with internship experience in content strategy, performance tracking, and digital media. Strong understanding of campaign targeting and cross-functional collaboration.

(콘텐츠 전략, 성과 추적, 디지털 미디어에 대한 인턴 경험을 바탕으로 성과 중심의 마케팅을 실현하는 주니어 마케터입니다. 캠페인 타깃팅과 부서 간 협업에 강점을 지니고 있습니다.)

WORK EXPERIENCE

XYZ Company / Marketing Intern / Mar. 2023 - Aug. 2023

- Planned and executed Instagram campaign (+12% follower growth)

    (인스타그램 캠페인을 기획하고 실행하여 팔로워 수 12% 증가 달성)

- Created competitor analysis report using SEMrush

    (SEMrush를 활용한 경쟁사 분석 리포트 작성)

- Managed weekly content calendar across 3 channels

    (3개 채널의 주간 콘텐츠 캘린더 운영)

EDUCATION

ABC University – B.A. in Business Administration (Expected Feb. 2024)

SKILLS & LANGUAGES

Adobe Photoshop, Google Analytics, Excel (Pivot), Fluent in English (TOEIC 925)

레쥬메에서 가장 중요한 건 한 줄이라도 '왜 내가 이 직무를 할 수 있는 사람인지'를 보여 주는 것이다. 아무리 짧은 인턴 경험이라도, 구체적인 수치와 함께 쓰면 설득력이 생긴다. 내용이 많지 않아도 괜찮다. 대신, '어떤 경험을 통해 무엇을 했는가'를 담아야 한다는 걸 잊지 말자.

Resume 예시

[Header(이름 + 연락처 + LinkedIn URL)]

Name: _____

Phone: _____

Email: _____

LinkedIn: _____

[Summary(간결한 자기소개)]

One-Sentence Introduction:
(예: Digital Marketing Specialist with experience in social media strategy and content creation.)

[Experience(경력/인턴/프로젝트 중심)]

Company Name: _____
Position: _____
Period: _____
Achievement/Responsibility:
(예: Managed social media campaigns, increasing engagement by ___%.)
(예: Developed budget forecasting tool, reducing variance by ___%.)
Company Name: _____
Position: _____
Period: _____
Achievement/Responsibility:

[Education(학력)]

    School Name: _____

    Major: _____

    Graduation Year: _____

    GPA (Optional): _____

[Skills(직무 관련 역량)]

    (예: Excel, PowerPoint, Python, Tableau, Adobe, SQL)

☞ **핵심 팁: 모든 경험은 '성과 중심 문장'으로 바꾸자**

Before: "운영 경험 있음"

After: "Operated 3-channel content calendar, increasing weekly reach by 25%"

[커버레터 구성 가이드]

짧게 '나의 동기 → 경험 → 기여 가능성' 이 3가지를 연결하는 게 핵심이다.

Step 1. 인사말 + 간단한 자기소개
"이 직무에 지원한 이유와 나를 소개하는 첫 줄"

> Dear Hiring Manager,
> I am writing to apply for the [Position Name] at [Company Name]. With a background in [Your Major] and experience in [Your Key Skill], I'm excited to contribute to your team.

Step 2. 지원 동기
"왜 이 회사, 이 직무에 지원했는지?"

> What impressed me about [Company Name] is your focus on [Mission/Project/Value].
> As someone who values [공감 키워드], I feel aligned with your direction.

Step 3. 내 경험과 직무 연결
"내가 실제로 해 본 일 중, 가장 이 직무와 닮은 순간"

> At XYZ Company, I led an Instagram campaign that improved engagement by 12% in two months.

This experience taught me [배운 점: 전략 수립, 빠른 실행, 분석 등].

Step 4. 기여 포인트 제시

"팀에 들어가면 어떤 도움을 줄 수 있을까?"

I believe I can contribute to your digital campaigns with strong execution skills and a data-driven mindset.
I'm ready to make an immediate impact.

Step 5. 마무리 인사

Thank you for your time and consideration.
I look forward to the opportunity to discuss how I can support [Company Name]'s success.

[실전 템플릿]

Step 1. 인사 + 자기소개

I'm applying for the _____ position at _____.

With experience in _____, I'm confident in my fit.

Step 2. 지원 동기

I was drawn to this company because _____.
As someone who values _____, I admire your focus on _____.

Step 3. 경험 연결

During my time at _____, I _____.
As a result, I _____.

Step 4. 기여 포인트

Based on this experience, I can _____ in your team.
I look forward to contributing through _____.

Step 5. 마무리 인사

Thank you for your consideration. I hope to speak with you soon.

이처럼 커버레터는 거창한 이야기를 적는 공간이 아니다. 내가 이 일을 왜 하고 싶은지, 어떤 준비가 되어 있는지를 솔직하고 구체적으로 보여 주면 된다. 특히 취업 준비의 초입에 있다면, 짧고 명확하게 "저는 지금 이 직무에 뛰어들 준비가 되어 있습니다"라는 메시지를 간단하고도 강력하게 전하자. 그것이야말로 외국계 기업이 커버레터를 통해 알고 싶은 단 하나의 핵심이니까.

2주 차: 이기는 레쥬메·커버레터 작성법

직무 경험이 부족한데, 뭘 쓰면 좋을까?

"저는 경력이 없어서 레쥬메에 쓸 게 없어요…."

취업 준비할 때 제일 많이 듣는 고민 중 하나가 이것이다. 그럴 때 나는 꼭 이렇게 대답해 준다. "없는 것이 아니라, 아직 직무 언어로 번역을 안 한 것뿐이라고." 사실이다. '없다'는 건 착각이다. 많은 분이 '나는 신입이니까 경력이 없다'라고 생각한다. 하지만 경력이라는 건 회사에 정식으로 들어가 월급을 받으며 했던 업무만을 말하지 않는다.

- 인턴 경험
- 동아리·학생회 활동
- 교내·외부 프로젝트
- 공모전 참가

- 봉사활동
- 아르바이트 경험

이 모든 것이 다 '경험'이다. 다만, 그냥 "아르바이트를 했어요"라고만 쓰면 경력으로 보이지 않고, '매출·고객·성과·개선' 같은 비즈니스 언어로 표현해야 경력이 된다.

경험을 직무 언어로 번역해 보자. 예를 들어, 카페 아르바이트 경험이 있다고 해 보자. 그냥 쓰면 이렇게 된다. "카페에서 주문받고 커피 제조" 하지만 직무 언어로 바꾸면 이렇게 된다.

"일일 평균 150명의 고객 주문 처리 및 대기 시간 단축을 위해 주문 동선 재배치 제안, 고객 불만 건수 20% 감소"

같은 경험인데, 하나는 '그냥 알바', 하나는 '문제 해결 경험'이다.
직무 키워드와 연결하는 방법을 익히기 위해 앞서 JD 분석에서 배운 키워드 활용법을 기억해 보자. 만약 지원 직무가 마케팅이라면, 카페 알바 경험도 이렇게 연결할 수 있다.

"고객 피드백을 분석해 프로모션 메뉴 추천, 판매량 15% 증가"

여기서 '고객 피드백 분석'은 마케팅 JD에 자주 나오는 키워드이다.

이렇게 키워드를 활용하면 아르바이트도 마케팅 경험이 된다.
프로젝트·과제도 충분히 경력이 된다. 전공 수업 프로젝트나 과제도 마찬가지다.
예를 들어, 발표 자료를 만들고 팀원들과 역할을 나눴던 경험이 있다면,

"팀 프로젝트 리더로서 일정 관리 및 역할 배분, 기한 내 보고서 제출률 100% 달성"

이렇게 쓰면 '리더십'과 '조직 관리 능력'이 드러난다. 기업은 이 부분을 '직무 잠재력'으로 본다.
자, 단순한 업무를 직무 잠재력으로 바꾸는 방식을 조금 더 살펴보자.

- 활동(Activity): 무엇을 했는가
- 행동(Action): 구체적으로 어떻게 했는가
- 성과(Result): 어떤 결과를 만들었는가

"SNS 계정 운영 + A/B 테스트 진행 = 참여율 35% 증가"
"매장 재고 정리 + 엑셀 재고표 도입 = 재고 파악 시간 30% 단축"
"조별 과제 리더 + 일정·자료 공유 구조 개선 = 제출 지연 0건 달성"

경험이 적을수록 '성과'를 구체적인 숫자로 표현하는 게 중요하다. 숫자가 있으면 신뢰도와 임팩트가 올라간다.

'좋아졌다' → '고객 만족도 4.0에서 4.7로 향상'
'경험이 많다' → '주간 5건에서 8건으로 처리량 60% 증가'

신입의 레쥬메는 완벽한 경력 자랑이 아니라, '이 사람이 성장할 준비가 되어 있다'라는 증거를 보여 주는 문서다. 내 경험을 직무 언어로 변환하는 습관을 들이면, 아르바이트·과제·봉사활동도 모두 강력한 '경험 카드'가 된다. 그걸 하나씩 쌓아 두면, 면접에서도 막힘 없이 이야기할 수 있다.

> 2주 차: 이기는 레쥬메·커버레터 작성법

[브랜딩 노트]
레쥬메 핵심 문장 작성법

많은 지원자가 레쥬메를 쓰면서 가장 어려워하는 것이 바로 '내 경험을 한 줄로 요약하는 것'이다. 누군가는 너무 길게 써서 레쥬메가 산문집이 되고, 누군가는 너무 짧게 써서 '이 사람이 뭘 했는지' 전혀 감이 안 온다.

이번 시간은 '한 줄만 읽어도 내 강점이 보이는 문장'을 만드는 방법을 알아보도록 한다. 이는 단순한 글쓰기 기술이 아니라, 당신의 커리어 브랜딩을 완성하는 핵심 도구이다.

1. 레쥬메 문장을 '뉴스 헤드라인'처럼 써라

뉴스 헤드라인은 짧지만, 모든 내용을 한눈에 알 수 있다. 예를 들어, "비 오는 날, 서울 도심 도로 통제"라는 헤드라인만 봐도 언제, 어디서, 무슨 일이 있었는지 바로 알 수 있다.

레쥬메 문장도 마찬가지이다. 읽자마자 '아, 이 사람이 뭘 했고, 어떤 결과를 냈구나'가 보여야 한다.

- 나쁜 예:
"SNS 운영 경험 있음"

- 좋은 예:
"브랜드 SNS 주 3회 콘텐츠 기획·게시, 팔로워 참여율 35% 증가"

2. 문장 구조는 Action + Result

여기서 Action은 해 온 일, Result는 그로 인해 생긴 변화이다.

"고객 불만 접수 후 24시간 내 해결률 90% 달성"
"A/B 테스트를 통해 광고 클릭률 20% 향상"
"재고 관리 프로세스 개선으로 월 10시간 업무 절감"

이렇게 쓰면 '일 잘하는 사람'이라는 인상을 단숨에 줄 수 있다.

3. 숫자가 들어가면 신뢰도가 2배

숫자는 객관적인 증거이다. 기업의 관점에서 숫자가 곧 '성과'이기 때문에, 가능하면 퍼센트(%)나 기간(일·주·개월)을 넣어 주자.

- 나쁜 예: "매출 향상에 기여"
- 좋은 예: "신제품 런칭 캠페인으로 매출 25% 성장"

4. 경험이 적어도 '확대'할 수 있다

신입이라면 숫자를 만들기 어려울 수 있다. 그럴 땐 '규모'나 '횟수'를 써 봐라.

"팀 프로젝트 4회 진행, 전원 기한 내 제출 달성"
"일 평균 100명 고객 응대, 대기 시간 평균 3분 단축"

이렇게 쓰면 경험이 한눈에 '업무 경험'으로 보인다.

이제 쉬운 방법을 바로 써 보자. 종이에 3개의 칸을 만든다. 내가 한 일(Action)을 쓰고, 어떻게 했는지(방법), 무슨 변화가 있었는지(Result)를 쓴다.

Action	방법	Result
SNS 캠페인 기획	A/B 테스트로 반응 분석	참여율 35% 증가

이를 한 줄로 합치면,

"A/B 테스트 기반 SNS 캠페인 기획·운영, 참여율 35% 향상"

면접관은 수많은 레쥬메를 본다. 그중에 기억에 남는 건 결국 짧지만 강한 문장이다. 한 줄 문장 5~6개만 잘 만들어도, 레쥬메는 완전히 달라진다. 그리고 이 문장들은 커버레터, 면접 답변, 자기소개까지 모두 재활용할 수 있다. 이게 바로 '한 번 만들어 두면 평생 쓰는 자산'이다. 지금까지 했던 경험 5개를 적어 봐라.

각 경험을 Action + Result로 정리하고, 가능하면 숫자·기간·규모를 포함해 보자. 직무 키워드를 넣어 '회사 언어'로 만들면 된다.

2주 차: 이기는 레쥬메·커버레터 작성법

[ChatGPT 팁]
문장 다듬기 & 키워드 추천

앞서 우리는 레쥬메의 핵심 문장을 만드는 훈련을 했다. Action + Result 구조로, 짧고 강하게, 그리고 구체적인 숫자를 넣는 것이다. 그런데 여기서 한 단계만 더 발전시키면, 같은 내용이 훨씬 더 '전문적으로' 보일 수 있다. 그 비밀이 바로 AI 활용이다. 특히 ChatGPT를 잘 쓰면, 문장을 빠르게 다듬고, 채용 공고에 맞는 핵심 키워드까지 뽑아낼 수 있다. 많은 분이 ChatGPT를 단순히 '대신 작성해 주는 도구'라고 생각하지만, 정확히 말하면 내 문장을 업그레이드해 주는 비서이다. 내 경험은 내가 제일 잘 안다. AI는 그 경험을 더 명확하고, 더 전문적인 언어로 바꿔 주는 보조 역할을 한다. 예를 들어, 내가 만든 문장이 다음과 같다고 해 보자.

"SNS 콘텐츠를 만든 뒤, 팔로워 수가 늘었습니다."

ChatGPT에 이렇게 요청할 수 있다.

"아래 문장을 레쥬메에 맞게 더 전문적으로, 간결하게 다듬어 주세요. Action + Result 구조로, 숫자를 포함해서 써 주세요."

그러면 AI가 이렇게 바꿔 준다.

"Planned and executed social media content strategy, increasing followers by 35% in one month." (한 달 만에 팔로워 수 35% 증가)

짧지만, 훨씬 깔끔하고 힘이 있다.

AI의 또 다른 강점은 직무 맞춤 키워드를 뽑아 주는 능력이다. 예를 들어 마케팅 직무 채용 공고를 붙여 넣고 이렇게 물어보자.

"아래 채용 공고에서 핵심 역량 키워드 5개를 뽑아 주세요."

그러면 ChatGPT가 이렇게 정리해 준다.

– Digital Campaign Management

- Content Creation
- Data Analysis
- Social Media Strategy
- Google Analytics

이 키워드를 레쥬메 문장에 슬쩍 녹이면, AI 서류 검토 시스템에서 통과할 확률이 높아진다. 예를 들어 내 경험이 다음과 같다면,

"팀 프로젝트에서 자료 조사와 발표를 맡았습니다. 기한 내 제출했고, 좋은 평가를 받았습니다."

이때 JD 키워드를 이렇게 찾았다.

Research, Presentation, Collaboration, Deadline Management

그러면 AI에게 요청을 이렇게 해 보는 것이다.

"아래 경험을 JD 키워드를 활용해, 레쥬메에 적합한 한 줄 문장으로 만들어 주세요."

AI 결과는 다음과 같다.

"Conducted in-depth research and delivered team presentation, ensuring on-time completion and receiving top evaluation for collaboration and quality."

자연스러운 영어로, 게다가 키워드까지 포함된 '전문적인 문장'이 나온다.

다만 핵심은 자신의 경험을 녹이는 것이다. 그럴듯하게 가짜로 포장하라는 것이 아니다.

AI가 내 경험을 대신 만들어 주는게 아니라 '내 경험을 더 잘 보여 주도록 다듬어 주는 것'이다. 그러니 AI를 쓸 때는 꼭 이 순서를 지켜라.

STEP 1. 내가 경험한 일을 Action + Result로 먼저 적는다.
STEP 2. 채용 공고를 보고 키워드를 뽑는다.
STEP 3. AI에게 채용 공고 키워드를 포함해 문장을 다듬어 달라고 요청한다.
STEP 4. 결과가 내 경험과 100% 맞는지 검토한다.

오늘 당장 실행해 보자. 이렇게 하면, 혼자서 끙끙대며 하루종일 걸릴 레쥬메 작성이 10분 안에 가능해진다. JD에 적합한 키워드 덕분에 ATS 통과율도 높아지고, 같은 문장을 레쥬메·커버레터·면접 답변에 모두 활용할 수 있다.

'내 핵심 문장'만 잘 뽑는다면 이 문장이 AI의 손을 거쳐, '기업 언어'로 번역된 합격 문장으로 바뀐다. 그리고 그 문장은, 단순히 레쥬메 한 줄이 아니라 당신의 커리어 브랜딩을 완성하는 핵심 증거가 된다.

AI 요청 템플릿 - 레쥬메 문장 업그레이드 & 키워드 적용

1. JD 핵심 키워드 뽑기

가장 핵심적으로 선제되어야 할 사항이다. 이는 회사가 원하는 능력이 무엇인지 한눈에 파악할 수 있다.

> AI 요청 질문: 아래 JD에서 가장 중요한 핵심 역량 키워드 5개를 뽑아 주세요. 영문으로 제시하고, 각 키워드의 간단한 의미도 설명해 주세요.

[JD 추가]

2. 내 문장을 JD 키워드로 업그레이드

ATS에서 통과돼 서류 합격 가능성이 커진다.

AI 요청 질문: 아래 문장을 레쥬메에 어울리게, 간결하고 전문적으로 다듬어 주세요.

Action + Result 구조로 작성하고, 숫자나 성과를 넣어 주세요.

위에서 뽑은 JD 키워드를 가능한 많이 포함해 주세요.

영문/국문 두 가지 버전으로 제시해 주세요.

[내 경험 문장 추가]

3. 커버레터 버전으로 바꾸기

레쥬메-커버레터-면접 답변이 전부 연결된다.

AI 요청 질문: 아래 문장을 커버레터에 쓸 수 있도록 조금 더 부드럽고 설득력 있게 바꿔 주세요. 지원 동기와 연결된 느낌을 주고, JD 키워드 중 2~3개를 자연스럽게 포함시켜 주세요.

영문/국문 두 가지 버전으로 작성해 주세요.

[업그레이드된 문장 추가]

> ☞ **핵심 팁**: JD 키워드는 꼭 레쥬메, 커버레터, 면접 답변에 공통으로 사용하자.
> 같은 경험이라도 단어 선택에 따라 '합격 문장'이 될 수 있다.
> AI가 제시한 문장은 반드시 나의 경험과 100% 일치하는지 검토하자.

3주 차: 영어 면접, 단 15가지 핵심 질문으로 리드하라

영어 면접, 첫 60초가 승부다

영어 면접에서 첫 질문을 받는 순간, 누구나 긴장한다. 그중에서도 가장 자주 들리는 질문이 있다.

"Tell me about yourself."

짧고 익숙한 문장이지만, 그 속에 담긴 진짜 의미는 단순한 자기소개가 아니다. 이건 "당신이 누구인지 알려 주세요"가 아니라, "왜 우리가 당신의 이야기를 들어야 하는가"에 훨씬 가깝다.

면접은 곧 '자기 자신을 판매하는 자리'이자 '나라는 브랜드를 소개하는 무대'다. 단 60초 안에 내가 어떤 사람인지, 어떤 가치를 줄 수 있는지, 왜 이 자리에 적합한지 설득력 있게 전달해야 한다. 하지만 많은 지원자가 이 질문에 이력의 타임 라인을 단순히 나열하기만 한다.

"I graduated from OOUniversity, then I worked at OO company…."

애석하게도 면접관은 이미 당신의 이력을 읽었다. 모두 알고 있는 내용이라는 것이다.

그가 진짜 궁금한 것은, "그 이력 중 무엇이 우리 회사에 도움이 되는가"이다. 그래서 이 질문에는 이렇게 답하면 좋다.

1. 나의 포지션과 핵심 역량을 한 줄로 요약하기

"I'm a marketing major with hands-on experience in digital content planning and analysis."

(저는 마케팅 전공자로, 디지털 콘텐츠 기획과 분석에서 실제 경험을 쌓았습니다.)

이 한 문장으로 전공, 실무 경험, 전문성을 동시에 전달할 수 있다. 면접관이 단 5초 만에 나를 구조적으로 파악할 수 있는 문장이다.

2. 직무 관련 경험을 임팩트 있게 설명하기

"During my internship at ABC Corp, I managed a campaign that increased engagement by 35%."

(ABC 기업에서의 인턴십 동안, 제가 관리한 캠페인을 통해 참여율을 35%

끌어 올린 성과를 냈습니다.)

단순히 "경험했다"가 아니라, 구체적인 수치로 성과를 보여 준다. 숫자가 들어가면 이야기에서 데이터로 바뀌고, '성과를 낼 수 있는 사람'이라는 신뢰가 생긴다.

3. 왜 이 직무에 어울리는 사람인지 연결하기

"I'm excited about applying this experience to a global role like yours."

(제 경험을 귀사의 글로벌 역할에 적용할 수 있다는 점에 큰 기대를 가지고 있습니다.)

단순한 관심 표현이 아니라, 내 경험이 이 자리에서 어떻게 쓰일 수 있는지 스스로 연결 지어 보여 주는 문장이다.

나는 면접 준비 때마다 이 '60초 자기소개'를 나만의 말로 정리해 연습했다. 누군가의 예시를 외우는 대신, 내 경험이 담긴 3줄 문장을 만드는 것. 그 안에는 반드시 '내 경험'과 '이 포지션에 기여할 수 있는 이유'가 포함돼야 한다. 막연한 장점은 금방 잊히지만, 맥락과 수치가 있는 문장은 오래 기억된다.

또 한 가지, 답변은 반드시 60초 이내여야 한다. 60초 내내 나의 이야기만 할 것이 아니라, 짧게 면접관이 질문을 이어 가도록 하는 것이 핵심이다. 면접은 일방적인 발표가 아니라, 대화다. 그래야 면접관도 지루해하지 않고 당신의 이야기에 집중한다.

영어 면접에서 중요한 것은 유창함보다 핵심 메시지의 명확함이다. 특히 첫 1분은 면접 전체의 분위기를 결정짓는다. 면접관이 듣고 싶은 건 완벽한 문법이 아니라, 당신의 진짜 이야기, 준비된 태도, 문제를 해결했던 방식, 그리고 앞으로의 가능성이다. 지금이라도 책을 잠시 덮고 당신만의 60초를 말해 보길 권한다. 거울 앞에서 녹음기를 켠 상태로 진행해 보자.

먼저 간략히 세 문장으로 자신을 임팩트 있게 소개해 보자. 그 순간이 바로 면접의 첫 승부수가 된다.

3주 차: 영어 면접, 단 15가지
핵심 질문으로 리드하라

STAR 기법으로 순식간에 답변 완성하는 법

영어 면접을 준비하다 보면 한 번쯤은 이런 조언을 듣게 된다.

"면접에서는 STAR 기법으로 대답하세요."

처음엔 STAR가 뭐지? 하고 검색창을 켜봤던 기억이 난다. 그리고 그 구조를 외우느라 한참을 고생했다. STAR는 다음과 같다.

- S: Situation
- T: Task
- A: Action
- R: Result
-> 상황 - 과제 - 행동 - 결과

이렇게 연결되는 구조다. 이 네 가지만 정리를 잘해도 문장이 깔끔해지고, 흐름도 잡힌다. 그런데 중요한 건 이를 '암기용 공식'처럼 받아들이지 않아야 한다는 것이다. 아무리 달달 외워도 면접장에서 그대로 흘러나오지 않는다. 오히려 이렇게 외운 문장은 긴장하면 머릿속이 하얘지고, 말문이 막히기 쉽다. 그럴 땐 내 안에 진짜로 체화된 경험, 손에 잡히는 장면들이 필요하다. 그래서 나는 이렇게 정리했다. 'STAR 기법을 외우지 말고, 나만의 말로 바꾸자.'

예를 들어보자. 신입 때 SNS 계정 관리 업무를 맡게 된 후배가 있다. 당시 계정 참여율이 뚝 떨어져 있었고, 기존 콘텐츠에 문제가 있다는 건 누구나 느끼고 있었다. 그래서 데이터를 들여다보기 시작했다. 어떤 게시물에 반응이 있었는지, 어떤 요일에 도달률이 높았는지.

그 결과를 토대로 주제 중심의 콘텐츠 시리즈를 제안했고, '월요일은 꿀팁' '금요일은 인터뷰'처럼 요일별 코너를 신설했다. 그렇게 2개월쯤 지나자, 도달률이 약 42% 증가했다. 이는 후배에게도,, 팀에게도 꽤 의미 있는 결과였다.

바로 이런 이야기 하나에 STAR 기법의 모든 요소가 담겨 있다. 하지만 이걸 구조적으로 외우지 않고 그때 그 상황이 왜 중요했는지, 내가 뭘 고민했고, 어떤 선택을 했으며, 그 결과 어떤 변화가 있었는지를 나만의 언어로 정리해 보자. 결국 면접관이 듣고 싶은 건 단 하나, '이야기 방식'이다. 그러니 암기하지 말고, 내 경험을 나만의 언어로 풀어 보자.

1. 실제 경험 떠올리기

내가 진짜로 고민하고, 해결했던 순간을 찾자.

2. 숫자와 변화 중심으로 정리하기

단 10%라도 괜찮다. 성과는 자랑이 아니라 기록이다.

3. 나만의 3~5개 이야기를 STAR 기법으로 정리해 두기

자기소개서 없는 면접에서도 나만의 이야기는 유용한 '말의 도구'가 된다.

<u>어떤 문제를 어떻게 해결했는지보다, 그 결과가 조직에 어떤 가치를 주었는지가 핵심이다.</u> 그리고 이를 숫자나 변화로 보여 줄 수 있다면, 듣는 사람의 머릿속엔 훨씬 강한 인상이 남는다. 나도 처음에는 작은 수치 하나를 이야기하는 게 민망했다. "참여율 10% 증가요…" 그런데 돌아 보면, 이건 자랑이 아니라 기록이다. 내가 어떤 기준을 가지고 일했는지, 어떤 방식으로 개선을 시도했는지를 보여 주는 지표이다. 숫자는 자랑이 아닌 명확함을 선택해야 할 때 쓰는 언어다.

물론 모든 경험을 STAR 기법으로 말할 필요는 없다. 하지만 중요한

경험, 즉 나를 말해 주는 장면 3~5개 정도는 이 구조를 활용해서 연습해 보길 추천한다. 이건 단순히 면접을 위한 스크립트를 만드는 게 아니다. 나라는 사람을 객관적으로 이해하고, 설명할 수 있는 도구를 준비하는 일이다. 그리고 이는 면접장을 넘어, 당신이 앞으로 마주할 수많은 '자기소개서 없는 면접'에서 당당히 당신의 이야기를 꺼낼 수 있게 만들어 줄 것이다.

3주 차: 영어 면접, 단 15가지
핵심 질문으로 리드하라

지원자가 리드하는 면접 전략이란?

면접은 단순히 질문에 답하는 자리일까? 아니다. 진짜 준비된 사람은 질문에 끌려가지 않는다. 오히려 자신이 원하는 방향으로 이야기를 유도하고, 자신만의 흐름으로 면접의 분위기를 이끈다. 나는 이것을 '지원자가 리드하는 면접'이라고 부른다. 이런 말이 처음엔 좀 낯설게 느껴질 수도 있다.

"면접은 평가받는 자리 아닌가요? 리드를 하다니요?"

맞다. 형식적으로는 그렇다. 하지만 진짜 합격을 부르는 사람들은 공통적으로 면접관이 묻기 전에 말할 준비가 되어 있다. 그 준비는 단순한 내용의 암기가 아니라, 내가 어떤 사람인지 면접관에게 각인시키는 설계에서 시작된다. 리드하는 면접이란 다음과 같다.

"제 강점은 프로세스 개선입니다. 이전 회사에서 수작업으로 처리되던 문서 시스템을 자동화해 문서 처리 시간을 30% 줄인 경험이 있습니다. 이런 문제 해결 접근 방식은 귀사의 디지털 트랜스포메이션 방향성과 잘 맞는다고 생각합니다."

이 한 문장에는 다음과 같은 요소가 담겨 있다.

- ✔ 강점 제시
- ✔ 성과 수치
- ✔ 경험 기반 사례
- ✔ JD와의 연결
- ✔ 회사에 대한 이해

그리고 무엇보다 중요한 건, 지원자의 답변을 들은 면접관은 반드시 이렇게 묻고 싶어진다.

"어떻게 개선하셨나요?"

그 순간, 주도권은 당신에게 넘어간다. 면접관이 당신의 이야기를 더 듣고 싶게 만든 것이다. **단순히 질문에 대답한 것이 아니라, 질문 하나에 답하면서 다음 질문을 스스로 설계한 것**이다. 이게 바로 리드하는 면접의 핵심이다. 나는 이 방법이 특히 외국계 기업 면접에서 강력하게 작용한다는 걸 느꼈다. 외국계 기업의 면접은 '서로 대화하며 알아가는 자리'라는 인식이 강하기 때문이다.

면접에서 주도권을 잡는 사람들은 질문을 유도하고, 흐름을 설계한다. 다음과 같은 지시 사항을 따르면 당신도 '리드하는 지원자'가 될 수 있다.

1. 말하고 싶은 핵심 역량 3가지를 정해 보자
문제 해결력, 분석 능력, 팀워크

2. 역량마다 구체적인 STAR 기법 사례를 준비하자
Situation, Task, Action, Result(숫자 & 맥락 포함)

3. 답변하며 자연스럽게 질문을 유도하자
"그 경험을 통해 저는 자동화 시스템 개선에 자신감을 갖게 되었고, 귀사의 DX 전략과도 맞닿아 있다고 생각합니다."

상대방이 던진 질문에만 갇히지 말고, 나의 이야기 구조 속에 면접관을 초대해야 한다. 이야기가 흘러가야 관계가 생기고, 관계는 곧 신뢰로 이어진다.

그렇다면 어떻게 연습할 수 있을까? 먼저, 자신이 말하고 싶은 핵심 역량 3가지를 정해 보자. 그리고 각 역량을 보여 주는 구체적인 사례 하나씩을 정리해 보자.

그 사례는 앞서 말한 STAR 기법으로 연습하면 좋고, 답변할 때는 그 역량이 이 회사, 이 팀에 어떤 가치를 줄 수 있을지를 연결해 주면 된다. 이는 마치 내가 이끌고 싶은 방향으로 등대를 비추는 일이다. "이것에 관련된 질문을 해 주세요" 하고 자연스럽게 힌트를 주는 것이다.

그 힌트에 반응하는 면접관은 당신과 이미 같은 흐름을 타고 있는 셈이다.

지원자가 리드하는 면접은 단순히 '말을 잘한다'라는 것과 다르다. 그보다는 말을 통해 대화를 만든다는 데 본질이 있다. 이 대화는 당신이 어떤 사람인지, 어떤 방식으로 문제를 해결하는 사람인지, 어떤 문화를 지향하고, 어떤 팀에 잘 녹아들 수 있는지에 관해 말이 아니라 '구조화된 경험'으로 보여 주는 방법이다. **구조화된 경험을 풀기 위해서는 STAR 기법을 쓰면 좋다. 단순히 "내가 이런 일을 했다"라는 나열이 아니다. 상황, 과제, 행동, 결과로 정리된, 맥락이 살아 있는 경험이다. 예를 들어 "팀 프로젝트를 했습니다"라는 말은 사실상 정보가 없다. 그러나 이를 구조화하면 이렇게 바뀐다.**

□ 상황(S): "3주 안에 마케팅 캠페인을 완성해야 하는 팀 프로젝트가

있었다."
- □ 과제(T): "내 역할은 SNS 전략을 세우고 실행하는 것이었다."
- □ 행동(A): "5명의 팀원과 협업하여 콘텐츠 캘린더를 만들고, 게시물 15개를 제작·업로드했다."
- □ 결과(R): "그 결과, 팔로워 수가 20% 증가했고, 행사 참여율도 목표 대비 30% 높아졌다."

이처럼 경험이 '맥락 + 역할 + 행동 + 성과'로 구성되면, 면접관은 **"이 지원자는 문제를 어떻게 정의하고, 어떤 행동을 했으며, 어떤 가치를 만들어 내는 사람인지"**를 명확하게 이해할 수 있다. 즉, 면접관이 듣고 싶은 문제 해결 스토리와 지원자의 강점을 가장 설득력 있게 보여 줄 수 있다.

잘 준비된 지원자는 면접관의 질문을 기다리지 않는다. 오히려 '상대는 어떤 이야기를 궁금해할까'를 먼저 분석한다. 이는 기술이라기보다, 태도다. 내가 이 대화의 주체라는 태도, **내가 이 자리에 어울리는 사람이라는 믿음, 그리고 그것을 증명할 수 있는 준비가 동시에 작용한다.** 당신은 그저 묻는 말에 답변만 하는 사람이 아니다. 당신은 당신의 이야기를 설계하고, 방향을 잡고, 설득할 수 있는 사람이다. 그 순간부터 면접은 평가의 시간이 아니라, 대화의 시간이 된다.

3주 차: 영어 면접, 단 15가지 핵심 질문으로 리드하라

영어 면접 핵심 질문 15가지 질문 & 답변 공식

많은 사람이 영어 면접을 준비할 때, 대략 '100개의 질문'에 대한 답변을 마련해 놓으려고 한다. 인터넷에서 '영어 면접 빈출 질문 TOP 100'을 다운받고, 한 문장씩 입으로 외우며 준비를 시작한다. 나름 철저한 준비라고 생각하지만 그럼에도 불안하다. 막상 면접이 다가오면, 머릿속이 하얘질 것이다. '이렇게 외운 문장 중에 도대체 뭐가 실제로 나오지?' '이거 다 외워야 붙는 걸까?'

그때 깨닫는다. 영어 면접은 시험이 아니라는 걸. 다시 말해 문장을 얼마나 잘 외우는지 암기력을 살피는 것이 아니라, '이 사람이 어떤 사람인지' 알고 싶어 하는 자리라는 걸. 그리고 한 가지 중요한 사실을 더 알게 된다. 자주 나오는 질문은 채 100가지가 되지 않는다는 것. 실제로 면접장에서의 질문은 매우 한정적이다.

"결국 중요한 질문은 정해져 있다."

누군가는 50문제를 준비하고, 누군가는 100문제를 외우지만, 결국 면접관이 알고 싶은 건 단 4가지다.

1. "Tell me about yourself.": 당신은 어떤 사람인가?
2. "Why do you want to join us?": 우리 회사에 왜 지원했나?
3. "Can you explain your work experience?": 어떤 일을 해 왔고, 잘할 수 있나?
4. "Describe a challenge you overcame.": 함께 일하고 싶은 사람인가?

모든 질문은 이 4가지로 수렴된다. 그걸 다양한 형태로 물을 뿐이다. 이 질문들은 다르게 들리지만, 본질은 같다.

'당신이 어떤 사람인지 말해 주세요.'
'우리는 왜 당신을 뽑아야 할까요?'

그러니 영어 면접 준비는 '100문제를 외우는 것'이 아니라, **대략 '15개의 진짜 질문에 나만의 답을 만드는 것'이면 충분하다.**

지금부터는 그 15개의 질문을 신중히 골라 소개할 것이다. 하나하나의 질문에 담긴 의도, 답변 전략, 예시를 토대로 자신을 알고, 자신의 전략을 세워 보자. 당신이 누구인지, 왜 이 회사에 어울리는 사람인지 그 이야기를 '자신의 말'로 자신 있게 풀어낼 수 있도록 이 15개만 제대로 준비하자. 이 정도면 충분하다. 그리고 그 안에 당신만의 이야기를 담아 보자.

(1) 자기소개 - 경력·강점·목표 압축(Tell me about yourself)

"자기소개를 해 보세요."

누구나 처음 영어 면접을 준비할 때 가장 긴장하는 순간이 있다. 바로, "Tell me about yourself"라는 질문을 들었을 때이지 않을까. 이 질문은 쉬워 보이지만 막상 대답하려고 하면 머릿속이 하얘진다.

'나에 대해 말해 보라니, 어디서부터 말하지?'

특히 외국계 기업의 면접은 한국어로도 어렵게 느껴지는 자기소개를 영어로 해야 하니 더 부담된다. 많은 지원자가 이렇게 자기소개부터 헤맨다.

"I'm Jiho Kim. I graduated from OO University. I did an internship at Company A, and now I want to work here."

문법도 맞고, 틀린 건 없다. 하지만 문제는 너무 평범하다는 거다.

이런 소개를 들은 면접관은 속으로 이렇게 생각할 수 있다. '그래서, 이 사람이 우리 팀에 왜 필요한 거지?'

면접장에서 자기소개는 단순히 이름, 학교, 인턴 경험을 말하는 시간이 아니다. 그보다 더 중요한 건 '왜 내가 이 자리에 어울리는지'를 보여 주는 것이다.

그렇다면 자기소개를 어떻게 시작해야 할까? 면접관은 사실 두 가지가 궁금하다. **'당신은 어떤 사람인지' '우리 팀에 왜 잘 맞는 사람인지'** 이 두 가지를 짧고 명확하게 전할 수 있다면, 이미 절반은 성공이다. 이때 유용한 것이 바로 '4단계 자기소개 구조'이다.

그 4단계는 다음과 같다.

1. 나는 누구인가?

'나는 어떤 직무에 관심 있는 사람인지' 먼저 말해 보자.

"I'm a marketing graduate with a passion for digital content."

(저는 디지털 콘텐츠에 열정을 가진 마케팅 전공자입니다.)

2. 어떤 실무를 해 봤나?

인턴, 프로젝트, 동아리 등 경험을 짧게 소개해 보자.

"I planned a social media campaign at ABC Media."

(ABC 미디어에서 소셜 미디어 캠페인을 기획했습니다.)

3. 성과는 어떤가?

수치나 구체적인 변화로 결과를 말하면 더욱 신뢰가 간다.

"This helped increase engagement by 40% in a month."

(이 경험을 통해 한 달 만에 참여도를 40% 높일 수 있었습니다.)

4. 왜 이 회사에 오고 싶은가?

지금까지의 경험을 이 회사에 어떻게 연결할 수 있는지 말해 보자.

"I'm excited to bring this data-driven creativity to your global brand."

(데이터 기반의 창의성을 발휘해 귀사의 글로벌 브랜드에 보탬이 되기를 기대합니다.)

이때 가장 중요한 건 '내 이야기'라는 것이다. 만약, 당신이 마케팅을 전공했고, 디지털 콘텐츠 기획에 흥미를 느꼈다면 자신이 SNS에서 자주 팔로우하는 브랜드들을 보며 '나도 이런 콘텐츠를 기획해 보고 싶다'라는 생각이 들 수 있다. 그 뒤로 관련 뉴스레터를 구독하고, 광고 문구도 분석해 본다.

그러던 중, 한 인턴십에 지원하게 되었고, 실제로 SNS 캠페인을 기획하는 일을 맡게 된다. 이때 자신의 감각을 바탕으로 제품의 특징을 잘 살린 문구를 만들었고, 결과적으로 캠페인 시작 한 달 만에 팔로워 참여율이 40% 증가했다고 하자. 당신은 이 경험을 통해 '나와 잘 맞는 분야는 마케팅이고, 특히 소비자와 소통하는 콘텐츠에 강하다'라는 자신감을 갖게 될 것이다. 이때 자신만의 자기소개 문장을 이렇게 만들어 보자. 가상 인물의 이름은 '지호'이다.

"Hi, I'm Jiho, a recent marketing graduate with hands-on internship experience in digital content planning. At my internship with ABC Media, I planned a social media campaign for new product launches, which helped increase follower engagement by 40% in just one month. Now, I'm excited about bringing that same data-driven creativity to your team, especially in supporting your brand's global reach."

(안녕하세요, 저는 지호라고 합니다. 최근 마케팅 전공으로 졸업했고, 디지털 콘텐츠 기획 인턴십을 통해 실무 경험을 쌓았습니다. ABC 미디어 인턴십에서 신제품 출시를 위한 소셜 미디어 캠페인을 기획하여, 단 한 달 만에 팔로워 참여율을 40% 높이는 성과를 냈습니다. 이제 그와 같은 데이터 기반의 창의력을

발휘하여, 특히 귀사의 글로벌 브랜드 확장을 지원하는 데 기여하고 싶습니다.)

스스로 물어 보자. 요즘 자주 눈길이 가는 브랜드나 산업이 있는가? 자주 검색하거나 팔로우하는 SNS가 힌트가 될 수 있다. 스포츠, 패션, IT, 헬스케어 등 어떤 분야에 자꾸 마음이 끌리는가? 탁월한 성과를 냈던 경험은 무엇이었나?

과제나 인턴, 동아리 활동에서 '내가 맡았을 때 가장 잘했던 역할'을 떠올려 보자. 발표, 기획, 설득, 데이터 정리…. 나만의 강점이 반드시 있었을 것이다.

내가 가진 특별한 배경은 무엇일까? 전공 지식, 외국어 능력, 유학 경험, 여행 중 체험한 독특한 문화 등 남들이 쉽게 갖기 어려운 배경은 분명히 나의 무기가 된다. 이렇게 차분히 정리하다 보면, 단순한 자기소개가 아니라 '이 회사에 왜 내가 어울리는 사람인지'를 보여 줄 수 있는 이야기가 만들어진다.

자기소개는 연습이 아니라 설득이다. 중요한 건 멋진 영어 표현이 아니다. 자신의 경험을 스스로 믿고 말하는 진심이다. 당신의 자기소개는 면접관에게 이렇게 들려야 한다.

"이 지원자, 우리 팀에 딱이다."

이제 연습해 볼 차례다. 당신만의 이야기로 "Tell me about yourself"에 답해 보자. 단 한 문장이 당신의 가능성을 보여 줄 수 있다.

(2) 지원 동기 - 회사 선택 이유(Why do you want to work here?)

"왜 우리 회사에 지원했나요?"

면접 대기실에 앉아 땀이 가득한 손바닥을 조용히 닦고 있다고 상상해 보자. 레쥬메에 적은 프로젝트들을 다시 떠올려 볼 때 반드시 생각해 봐야 할 질문이 한 가지 있다.

'왜 우리 회사에 지원했나요?'라는 질문. 반드시 들어야 할 질문이다. 질문 자체는 별거 없어 보인다. 하지만 막상 대답하려고 하면, 입이 딱 붙어 떨어지지 않는다.

"글로벌 기업이라서요." "브랜드가 좋아서요." "복지가 좋다고 들었어요."

이런 말들은 어딘가 아쉽다. 맞는 말이지만, 마음이 빠져 있다. 대부분 이렇게 준비를 한다. "좋은 회사니까 가고 싶어요"라고. 하지만 면접관은 더 깊은 이야기를 듣고 싶어 한다.

'수많은 회사 중에 왜 이곳을 골랐는지'
'우리 회사와 어떤 연결고리가 있는지'

이럴 땐, 이런 식으로 생각해 보자. 여러분의 눈에 그 회사가 가장 먼저 눈에 들어온 한 가지 이유는 무엇이었는지. 예를 들면 이렇게 말이다.

"I worked on a project to improve customer experience with AI technology during my internship, so I have some hands-on experience in this area."
(AI 기술을 이용해서 고객 경험을 개선하는 프로젝트입니다. 인턴 때 해 본 경험입니다.)

바로 이것이다. '내가 해 본 경험'과 '지원한 회사가 가는 방향'이 만나는 지점. 이것이 바로 진짜 지원 동기다. 단순히 '이 회사가 좋아요'에서 끝나면 안 된다. '내가 왜 이 회사와 잘 맞는 사람인지, 어떤 일을 같이 해 보고 싶은지'까지 연결되어야 한다. 그럴 때 면접관은 이렇게 생각한다.

'이 지원자, 정말 우리 회사를 잘 알아보고 준비했구나.'

지금부터는 자신만의 답변을 이렇게 만들어 보자.

1. 회사에 대한 관심

우선, 그 회사의 어떤 점이 끌렸는지를 이야기해 보자. 누구나 하는 복지 얘기보단, 회사의 비전, 제품, 혹은 프로젝트 중 감명 깊었던 것을 말해 보는 게 좋다.

"I've always admired how your company leads in digital innovation."

(귀사가 디지털 혁신을 선도하는 점을 인상 깊게 보아 왔습니다.)

2. 나의 경험과 연결짓기

그 관심이 내가 직접 겪은 경험과 닿아 있다는 걸 보여 주면 좋다.

"In my recent internship, I worked on an AI chatbot project to enhance customer experience."

(최근 인턴십에서 고객 경험 향상을 위한 AI 챗봇 프로젝트를 진행했습니다.)

3. 내가 기여할 수 있는 가치 제시

그 경험을 바탕으로 이 회사에서 어떤 일을 해 보고 싶은지 말해 보자.

"I'd love to bring that experience to your team and contribute to creating user-focused digital tools."
(그 경험을 살려 귀사 팀에 기여하고, 사용자 중심의 디지털 솔루션 개발에 힘쓰고 싶습니다.)

이 질문은 결국, 회사에 대한 관심이 나의 경험으로 연결되고, 회사에 뜻깊은 가치를 만들어 낸다. 이 세 단계를 따라가면 어렵지 않게 답할 수 있다. 그 안에 담긴 자신만의 경험이, 다른 지원자와 당신을 구분해 주는 가장 중요한 차별점이 된다.

- 당신은 지원한 회사의 어떤 점에 끌렸나요?
- 그 점은 당신의 어떤 경험과 연결되나요?
- 당신은 그 회사에서 어떤 역할을 하고 싶은가요?

이 3가지를 차분히 생각하고 연결할 수 있다면, 이 질문은 당신을 돋보이게 할 가장 좋은 기회가 될 수 있다.

(3) 커리어 목표 - 장기 비전·직무 연계성(What's your career goal?)

"당신의 커리어 목표는 무엇인가요?"
"10년 후, 당신은 어떤 모습일 것 같나요?"

면접장에서 이 질문이 나오면, 머릿속 뇌가 잠깐 멈추는 느낌이 들 수도 있다. 지금 이 회사에 들어가는 것도 쉽지 않은데, 10년 뒤 내 모습을 말하라니⋯ 어떻게 대답해야 할지 막막해진다. 그래서 많은 사람이 이렇게 단순하게 말한다.

"마케팅 전문가가 되고 싶습니다" "기획팀에서 성장하고 싶어요" 이런 말은 누구나 할 수 있다. 이에 면접관은 이렇게 생각한다.

'그건 알겠는데, 왜 우리 회사여야 하지?' '이 직무에서 뭘 배우고 싶은 거지?'

이 질문은 단순히 '꿈'을 묻는 게 아니다. '당신이 지금 이 일에 얼마나 관심이 있고, 회사와 함께 성장할 생각이 있는지'를 확인하는 것이다. 그래서 이렇게 생각해 보면 좋다.

- 지금 내가 잘하고 싶은 일(단기 목표)은 무엇인가?
- 앞으로 어떤 모습(장기 목표)으로 성장하고 싶은가?
- 그리고 그 출발점으로 왜 이 회사, 이 직무를 선택했는가?

이 세 가지를 연결해서 말하는 게 핵심이다. 예시를 통해 이해해 보자. 당신이 올해 졸업한 사회 초년생이고, 평소에 소비자 행동이나 광고 캠페인에 관심이 많아서 마케팅 분야에 지원했다. 그렇다면, 이런 식으로 정리해 보자.

1. 단기 목표(지금 하고 싶은 일)

"I want to build a solid foundation in digital marketing, especially in customer targeting and campaign analysis."

(디지털 마케팅의 기본기를 다지고 싶습니다. 특히 고객 타깃팅과 캠페인 분석에 관심이 많습니다.)

2. 장기 목표(앞으로 되고 싶은 모습)

"Eventually, I hope to grow into a CRM strategist who creates personalized marketing experiences."

(미래에는 고객 맞춤 마케팅 전략을 만드는 CRM 전문가로 성장하고 싶습니다.)

3. 왜 이 회사인가?

"This position provides hands-on experience with digital tools and real customer data, which are exactly what I need to grow."

(이 직무는 디지털 도구와 실제 고객 데이터를 다룰 기회를 주기 때문에, 저에게 꼭 필요한 시작점입니다.)

이 답변은 지금의 관심과 미래의 목표가 자연스럽게 이어지며, 왜 이 회사에서 시작하고 싶은지 이유까지 담고 있다. 당신은 지금, 어떤 분야에 끌리고 있는가? SNS에서 자주 보는 브랜드, 자주 읽는 뉴스레터나 블로그를 떠올려 보자. "요즘 들어 자주 보는 건 IT 기업들의 브랜딩 전략이에요." "스포츠 브랜드 광고를 분석해 보는 게 재밌더라고요." 이처럼 눈길이 자꾸 가는 분야가 곧, 나만의 무대일 수 있다. 또, 내가 잘했던 경험은 어떤 게 있을까? 예를 들면 이런 것들이다.

"When I was in charge of planning events for my club, I gained confidence in organizing materials and giving presentations."

(동아리에서 행사 기획을 맡았을 때, 자료 정리와 발표에 자신감이 생겼습니다.)

"During my internship, I still remember working on organizing the customer service manual."

(인턴 때, 고객 응대 매뉴얼을 정리했던 일이 아직도 기억에 남습니다.)

이런 경험들이 모여, 지금 지원하는 직무와 이어질 수 있다. 그리고,

외국어 능력이나 여행 경험, 전공 지식 같은 나만의 배경이 있다면 꼭 기억해 두자.

"Since I majored in French, I naturally developed an interest in French-related brands and culture."
(프랑스어를 전공해서, 프랑스 관련 브랜드나 문화에 자연스럽게 관심이 생겼습니다.)
"After my exchange program, I became very interested in global communication."
(교환 학생으로 해외 대학을 경험한 뒤, 글로벌 커뮤니케이션에 흥미가 생겼습니다.)

커리어 목표는 '꿈 이야기'로만 끝나면 안 된다. 지금 지원한 이 회사에서 그 꿈을 어떻게 시작할 것인지까지 보여 주는 것이 핵심이다.

"That's why I want to start my career here. I believe this will be my first step and a strong foundation for my growth."
(그래서, 저는 이 회사에서 커리어를 시작하고 싶습니다. 이곳이 저의 첫 단추이자, 성장의 시작이라고 생각합니다.)

이런 식으로 현재-미래-회사의 비전이 자연스럽게 연결되도록 연습해 보면 된다. 그러면 훨씬 진정성 있고 기억에 남는 답변이 될것이다.

(4) 강점·약점 - 직무 관련 장점 + 개선 노력
(What are your strengths and weaknesses?)

"강점이 뭐예요? 약점은요?"

많이 들어 본 질문인데, 막상 대답하려면 애매하게 느껴지며 당황하기 일쑤다. 특히 기업 면접에서 이런 질문은 더욱 부담스럽다. '잘한다고 해야 하나? 너무 뻔하면 재미없을 것 같은데…' '약점을 말하면 불합격일까?' 이런 걱정에 무난한 답을 고르게 된다. 예를 들면 이런 식이다.

"I'm responsible and detail-oriented. Sometimes I can be a bit of a perfectionist."
(저는 책임감 있고 꼼꼼한 편이에요. 가끔 완벽주의적인 면이 있습니다.)

이 말이 틀린 건 아니다. 영어도 자연스럽고, 표현도 부드럽다. 하지만 면접관은 속으로 이렇게 생각할 수도 있다. '예상했던 답이로군. 그래서 이 사람이 우리 팀에 왜 필요하지?' 이때 적용할 수 있는 자신만의 강점을 찾는 방법이 있다. 처음 면접을 준비하던 날, 나 역시 이 질문에 막혀서 주변에 물어 봤던 기억이 있다.

"선배, 저 진짜 이 질문 너무 어려워요. 뭐가 강점인지부터 모르겠어요."
"네가 가장 집중이 잘되는 순간은 언제야?"
"음…, 팀플할 때요. 역할 나누고, 기한 안에 딱 맞춰 끝낼 때요."
"그게 바로 네 강점이야."

강점은 특별한 게 아니라, 내가 잘하는 습관이다. 우리는 '강점'이라고 하면 뭔가 특별하고 멋진 걸 떠올린다. 하지만 진짜 강점은 내가 '자연스럽게 잘하는 것'에 있다. 그리고 약점은, 내가 자주 부딪히는 패턴 속에 숨어 있다. 이 질문은 단순히 성격을 묻는 게 아니다.

'당신은 자신을 얼마나 잘 이해하고 있나?'
'그 이해를 바탕으로 우리 팀에 어떤 기여를 할 수 있나?'
'약점을 어떻게 성장의 기회로 삼을 수 있나?'

외국계 기업은 이런 태도, 즉 자기 이해와 그를 통해서 성장하고자 하는 마인드를 정말 중요하게 여긴다. 그렇기 때문에 이 질문 하나만으로도, 면접관은 '이 친구, 일할 준비가 되어 있구나'를 판단할 수 있다.

그들의 뇌리에 강하게 기억될 강점은 '숫자 + 장면'이다. 강점을 말할 때는 팩트로 보여 주는 게 제일 좋다. 예를 들어 이렇게 말해 보자.

"One of my strengths is being highly collaborative. In my internship, I worked with cross-functional teams to launch a new service in just 3 weeks, which helped the team shorten the go-to-market time by 20%."
(제 강점은 협업입니다. 인턴십 때 여러 부서와 협업해 3주 만에 새로운 서비스를 출시했고, 덕분에 시장 출시 속도를 20% 앞당겼습니다.)

이 문장에는 세 가지가 들어 있다

- 강점: 협업 능력
- 행동: 새로운 서비스를 함께 출시
- 성과: 출시 속도 20% 단축

이런 식으로 말하면 단순히 "저 협업 잘해요"라는 말보다 훨씬 기억에 남는다.

약점 역시 숨기지 말고, 이를 보완하려 했던 노력 위주로 대답하면 된다. 약점은 무조건 감추는 게 답이 아니다. 오히려 "저는 약점이 없어요"가 더 위험하다. 그 대신, 약점이 있더라도 내가 그걸 잘 알고 있고,

고치려고 노력하고 있다는 걸 보여 주면 된다. 예를 들면 이렇다.

"I tend to be overly self-critical. I used to dwell on small mistakes, but recently I've been practicing regular reflection and journaling, which helps me maintain a healthier balance and focus more on progress than perfection."

(저는 스스로에게 지나치게 비판적인 편입니다. 예전에는 사소한 실수에도 너무 집착했지만, 요즘은 일기를 쓰고 돌아보는 습관을 들이면서 완벽보다는 발전에 더 집중하게 되었습니다.)

이런 대답은 약점 그 자체보다 '성장하려는 자세'가 더 돋보인다. 이제 여러분의 차례다. 나의 강점과 약점을 직접 정리해 보자.

언제 가장 몰입되었나?
어떤 일을 하면서 성과를 냈나?
어떤 점에서 자주 어려움을 겪었고, 요즘은 어떻게 바꾸고 있나?

이 질문을 스스로 해 보면, 면접에서도 자신 있게 말할 수 있다.

"저는 제가 어떤 사람인지 알고, 함께 성장할 준비가 되어 있어요."

이 문장이 자연스럽게 나올 수 있다면, 당신은 이미 '준비된 사람'이다.

(5) 경력 설명 - 구체적 사례·성과
(Can you explain your work experience?)

"Could you walk me through your work experience?"
(당신의 경력에 대해 순서대로 설명해 주시겠습니까?)

면접관이 이렇게 물어 보면, 많은 지원자가 바로 연도를 읊기 시작한다. "2020년에 A 회사에서 인턴을 했고, 2021년에는 B 회사로 옮겼고요…" 이는 레쥬메를 단지 나열하는 것에 불과하다. 면접관 입장에선 '그래서?'라는 생각이 든다. 면접관이 정말 듣고 싶은 건 따로 있다.

"당신의 그 경험이, 우리 회사 이 직무에 어떤 도움이 되나요?"

경력은 '나열'이 아니라 '연결'이다. 당신은 어쩌면 이전 면접에서 신입으로 지원했을 때 이런 피드백을 받았을 수도 있다.

"인턴도 했고, 거기서 프로젝트도 했다는 것은 알겠습니다만,

경력이 약한 것 같아요."

무엇이 문제였을까? 단순히 무엇을 했는지만 말했기 때문이다. 예를 들면, "A 회사에서 2개월간 인턴을 했고, SNS 콘텐츠 기획을 했습니다" 이런 경험을 한 취준생은 차고 넘친다. 특별할 게 없다는 것이다. 면접관이 궁금한 것은 단순한 나열이 아니다. 그건 이미 서류에 다 적혀 있다. 결국 궁금한 건 이것이다.

"그래서 그 경험이 우리 회사와 무슨 관계가 있나요?"
"무엇을 배웠고, 어떻게 성장했나요?"

그러니, 이렇게 바꿔 보자!

1. JD에서 요구하는 역량 중심으로 말하자

레쥬메 순서 그대로 말하지 말고, 이 직무에 필요한 역량이 내 경험 속에서 어떻게 드러났는지 중심으로 이야기해 보자.

"One of the key skills required for this role is data-driven content planning.

I gained experience in this during my internship at ABC Media."

(이 직무에서 중요한 역량 중 하나가 데이터 기반 콘텐츠 기획인데, 저는 ABC Media 인턴십에서 그 경험을 했습니다.)

2. 프로젝트 기반 스토리로 말하자

"무엇을 했다"보다, "어떤 상황에서 어떤 문제를 해결했고, 어떤 결과를 냈는가"를 중심으로 말하는 것이 훨씬 기억에 남는다.

"I worked on a social media campaign that resulted in a 40% engagement increase in just a month."

(신제품 SNS 캠페인을 맡았는데, 한 달 만에 참여율이 40%나 올랐습니다.)

3. 배운 점과 성장 포인트는 꼭 포함하자

업무는 끝났지만, 배움은 지금도 계속되고 있다는 걸 보여 줘야 한다. 경험의 가치는 지금의 나에게 어떤 자산이 되었는가에 달려 있다.

"That experience taught me how to translate customer insights into actionable content strategy."

(그 경험을 통해 고객 인사이트를 실제 전략으로 연결하는 방법을 배웠습니다.)

4. 마지막엔 지금의 지원 직무와 연결하자

결국은 이 말 한마디를 하기 위해 앞의 스토리가 있는 것이다.

"I believe this experience will help me contribute to your marketing team from day one."
(이 경험 덕분에 입사 첫날부터 팀에 기여할 수 있다고 생각합니다.)

위의 상황을 다시 정리해 보면 다음과 같다.

"During my internship at ABC Media, I was responsible for planning and managing digital content.
One of my key projects was a social media campaign for a new product launch, which boosted engagement by 40% in one month.
This experience taught me how to use customer insights and data to create content that actually works."
(ABC 미디어 인턴십 동안 저는 디지털 콘텐츠 기획과 관리를 담당했습니다. 핵심 프로젝트 중 하나는 신제품 출시를 위한 소셜 미디어 캠페인이었는데, 한 달 만에 참여율을 40% 높이는 성과를 냈습니다. 이 경험을 통해 고객 인사이트와 데이터를 활용해 실제 효과적인 콘텐츠를 만드는 방법을 배울 수 있었습니다.)

이 답변이 좋은 이유는 단순히 "무엇을 했다"로 끝나지 않고, 성과와 40%라는 명확한 수치, 배운 점을 확실하게 표현해, 현재 직무와의 연결성을 보여 주기 때문이다. 만약 수치가 없어 성과가 애매한 경우, 배운 점과 변화된 태도를 강조하면 된다. 내 경험도 이렇게 바꿔 보자.

- "~에서 인턴을 했다" → "그곳에서 어떤 문제를 해결했고, OOO의 배움을 얻었다"
- "~을 담당했다" → "그 일이 지금 지원한 직무에 OOO이라는 영향을 줄 수 있다"

작은 일이라도, 내가 왜 그 일을 맡았고, 어떻게 풀었으며, 무엇을 느끼고 배워 지금의 나에게 어떤 힘이 되었는가를 말하는 것이 진짜 경력이다. 단지 '일을 했던 사람'이 아니라 '일을 통해 성장한 사람'이라는 걸 보여 주길 바란다.

(6) 문제 해결 - 어려움 극복 과정
(Tell me about a time you faced a challenge)

면접을 준비 중인 한 후배에게 이렇게 물었다.

"힘들었던 일 중에 기억나는 거 있나요?"
"음… 팀플하다가 발표 전날 PPT 파일이 날아간 적이 있어요."

"오, 그거 좋은데요. 근데 핵심은 그때 당신이 뭘 했는지입니다."

"저요? 그냥 다시 만들었어요…."

"음… 그걸로는 좀 부족해요. 중요한 건, 그 위기 속에서 어떤 판단을 하고, 어떻게 해결했는지가 포인트거든요."

면접관이 진짜 알고 싶은 것은 무엇일까? "어려운 상황을 어떻게 해결했나요?"라는 질문은 단순히 '문제 → 해결'이라는 이야기 구조의 답변을 원하는 것이 아니다. 이 질문이 진짜로 궁금한 건 이런 거다. **예상치 못한 일이 생기면, 어떻게 반응하나요? 스스로 판단하나요, 아니면 남 탓을 하나요? 그 상황에서 어떤 태도와 자세로 움직이나요?** 그러니 '완벽한 해결사'처럼 보일 필요는 없다. 오히려 "당황했지만 이렇게 해 봤어요" "처음엔 실수했지만, 이렇게 배웠어요" 같은 태도가 더 진심으로 다가온다. 이때, 앞에서 배운 STAR 기법을 써 보자.

- S (Situation): 무슨 일이 있었는지
- T (Task): 내가 맡은 역할은 무엇이었는지
- A (Action): 실제로 내가 한 행동은 무엇인지
- R (Result): 그 결과는 어땠는지

이 네 가지에 맞춰 말하면, 복잡한 일도 깔끔하게 정리된다.

"During my internship, one of our influencers dropped out 3 days before launch,
so I suggested a new idea, worked with my team, and we launched on time—with better results."
(인턴십 기간, 출시를 3일 앞두고 우리 팀의 한 인플루언서가 빠지게 되었습니다.
그래서 저는 새로운 아이디어를 제안했고, 팀과 함께 협력하여 제시간에 출시할 수 있었으며, 오히려 더 좋은 결과를 얻었습니다.)

이 짧은 문장 안에 STAR 기법이 다 담겨 있다. 위기 상황(S), 내가 맡은 일(T), 내가 한 행동(A), 결과(R). 그리고 중요한 건, 나의 역할이 분명하게 보인다는 점이다. 다시 이야기로 돌아가 보자. 나는 다시 물었다.

"그날 밤, PPT가 날아갔을 때 무엇을 했어요?"
"음⋯ 친구한테 상황을 말하고, 나눠서 다시 만들었어요. 마감 시간도 조정하고요."
"좋아요, 그게 바로 당신의 Action(행동)이니깐. 그리고 발표는 어땠어요?"
"생각보다 잘됐어요. 오히려 더 집중해서 준비한 것 같아요."
"그럼 그걸 통해 배운 건 뭐죠?"
"문제를 혼자 다 떠안는 게 아니라, 상황을 설명하고 같이 해결하는 게 중요하단 걸 느꼈어요."

지금 이 글을 읽고 있는 당신도 분명 비슷한 경험이 있을 것이다. 처음엔 '나에겐 대단한 이야기가 없어…'라고 생각할 수 있다. 하지만 꼭 대단할 필요는 없다. 작은 위기 속에서도 당신만의 판단, 행동, 성장이 있었을 테니까.

혹시 이런 경험은 없었나? 발표 전날, 갑자기 팀원이 빠져서 혼자 준비했던 조별 과제, 아르바이트에서 손님이 컴플레인을 걸었던 순간 말이다. 이 중 하나라도 있다면, 거기에 아래 세 가지를 붙여 보자.

- 무슨 일이 있었는지
- 당신은 어떤 판단을 했고, 무엇을 했는지
- 그 경험을 통해 무엇을 배웠는지

이렇게 정리하면, '내 이야기'가 '나만의 강점'으로 바뀐다. 성장하는 사람은 위기에서 빛난다.

회사에서는 항상 예측 가능한 일만 벌어지지 않는다. 컴퓨터가 먹통이 돼 자료가 날아가고, 발표 일정이 바뀌고, 보고서 제출 기한이 갑자기 당겨진다. 면접관은 그걸 안다. 그래서 이런 질문을 하는 것이다.

"당신은 그럴 때 어떤 사람이었나요?"

결국 우리가 보여 줘야 할 건, 나는 실수를 덮는 사람이 아니라, 문제를 받아들이고, 해결하려고 움직이는 사람이라는 것. 그리고 그 과정을 통해 성장한 사람이라는 것. 혹시 당신에게도 기억나는 순간이 있다면, 지금 바로 적어 보자. 그건 단순한 '에피소드'가 아니라, 당신을 보여 주는 가장 좋은 이야기일지도 모른다.

(7) 갈등 해결 - 공감·소통·합의
(Describe a conflict you had and how you resolved it)

"동료와의 갈등을 어떻게 해결했나요?"
"인턴 시절 팀원이랑 발표 방향 때문에 의견 충돌이 있었어요. 이런 이야기를 해도 괜찮을까요?"

이 질문이 꽤나 고민스러울 것이다. 어떻게 답해야 할지 모르기 때문이다. 사실 직장생활에서 이런 일은 부지기수다. 그러니 솔직하게 말해도 괜찮다. 다만 중요한 건, 당신이 그때 그 갈등을 어떻게 풀었는지가 중점이다.

면접에서 "갈등을 해결한 경험을 말해 주세요"라는 질문을 받으면 당신뿐만 아니라 많은 사람이 움찔한다. 괜히 갈등 이야기를 꺼냈다가 '이 사람 문제 있는 거 아냐?'라는 오해를 받을까 걱정되기 때문이다.

그래서 대부분 이렇게 말한다.

"저는 큰 갈등 없이 잘 지냈습니다" 하지만 이건 사실일 수 없다. 면접관이 듣고 싶은 대답도 아니다. 외국계 기업에서는 '갈등을 피해왔는가?'가 아니라, '갈등이 있을 때 어떤 태도로 해결했는가?'를 보기 때문이다. 한 후배의 인턴 경험을 조금만 풀어 보자.

"그때 팀원은 감성적인 발표를 원했는데, 저는 데이터 중심이 더 적합하다고 생각했어요. 처음엔 서로 강하게 주장했는데, 결국 팀장님이 조정해 주셨죠."
"그때 너는 어떤 행동을 했는데?"
"음… 그냥 제 생각을 계속 말했던 것 같아요."
"그건 중요한 게 아니야. 그 과정에서 네가 상대 의견도 들었는지, 혹은 어떤 대화를 시도했는지, 그게 포인트야."

예를 들어 이런 식으로 말할 수 있다.

"During a group project in my internship, I had a disagreement with a teammate about the direction of our presentation. Rather than pushing my idea, I suggested we each explain our approach with examples.

After discussing both sides, we agreed to combine the

strengths of each idea, which made our final presentation more balanced and well-received."

(인턴십 기간 중 팀 발표 주제를 준비하면서, 동료와 발표 방향을 두고 갈등이 있었습니다. 처음에는 각자의 의견만 주장했지만, 서로 다른 관점을 설명해 보자는 제안을 했고, 서로 예시를 들어 보며 대화를 나눈 끝에, 두 가지 아이디어를 적절히 조합해 발표를 완성했습니다. 결과적으로 발표는 긍정적인 평가를 받았고, 저는 그 경험을 통해 '차이를 조율하는 태도'가 중요하다는 걸 배웠습니다.)

이 경험은 단순히 갈등을 피한 게 아니라, '공감 → 대화 → 합의'라는 과정을 통해 원만한 해결에 이르렀다는 점에서 높은 평가를 받을 수 있다. 그리고 그 속에서 본인의 태도 변화까지 보여 줄 수 있다면 더 좋다.

아직 사회 경험이 많지 않아도 괜찮다. 학교 팀플, 동아리 활동, 아르바이트 등 일상 속에서도 충분히 이런 상황은 생긴다. 중요한 건, 그 상황에서 감정에 휘둘리지 않고 어떻게 '함께 해결했는지'를 말할 수 있는가다. '협업 능력'은 단순히 같이 일해 본 경험만으로 생기지 않는다. 진짜 협업 능력은 갈등이 생겼을 때 발휘된다. **상대를 설득하기보다 이해하려 하고, 내 입장을 고수하기보다 조율해 보려는 태도.** 이것이 바로 외국계 기업이 보는 '성숙한 커뮤니케이션 능력'이다. 이제 당신의 경험을 돌아 볼 차례다.

그때 나는 어떤 갈등을 경험했는가?
그 상황에서 나는 감정을 다스리고, 어떻게 대화를 시도했는가?
그 경험을 통해 나는 어떤 태도를 배우게 되었는가?

(8) 목표 달성 – 실행력·성과
(Tell me about a goal you set and achieved)

"목표를 세우고 이룬 경험이 있습니까?"

이 질문을 받으면 대부분 이렇게 생각한다. '어떤 멋진 결과를 말해야 하지?' 그래서 보통 이렇게 대답을 한다. "OO 프로젝트에서 1등을 했습니다" "매출을 200% 올렸습니다"

하지만 진짜 중요한 건 결과가 아니다. 면접관이 듣고 싶은 건 그 과정이다. '왜 그 목표를 세웠는지, 중간에 어떤 어려움이 있었는지, 그리고 어떻게 헤쳐 나갔는지' 그 이야기에 당신만의 실행력, 주도성, 리더십, 그리고 진짜 '일하는 스타일'이 드러나기 때문이다.

이런 후배가 있었다. 그는 마케팅 수업에서 팀장으로 참여했던 프로젝트를 떠올렸다.

"I once had a team project where we had to create a

market entry strategy for Southeast Asia. The professor gave us a fictional brand, and we were responsible for everything from market analysis to strategy planning. At first, we were very excited, but when we actually sat down as a team, the problem turned out to be more complicated than we expected. We had lots of ideas, but the directions were all different, so we couldn't make any decisions. I even thought we might miss the deadline if we continued like that."

(동남아 시장 진출 전략을 짜는 팀 과제가 있었습니다. 교수님이 가상의 브랜드를 주고, 우리가 시장 분석부터 전략 수립까지 전부 해야 하는 프로젝트였습니다. 처음엔 들뜬 마음으로 시작했지만, 막상 팀원들과 모여 보니 문제는 생각보다 복잡했습니다. 아이디어는 많은데, 방향이 너무 제각각이라 아무것도 결정하지 못했죠.. 이대로 가면 마감도 못 지킬 것 같았습니다.)

결국 그는 고민 끝에 팀원들에게 설문조사를 제안했다.

"실제 팀원들의 의견을 받아 보면, 어떤 시장을 공략해야 할지 좀 더 명확해질 거로 생각했어요."

이 작은 제안이 전환점이 되었다. 설문조사를 통해 구체적인 타깃이 보이자 전략 방향도 정리되었다. 일정을 주 단위로 쪼개고 역할을 나누는 '타임라인 표'도 만들었다. 팀원들과의 갈등도 생겼지만, 중간중간 짧은 피드백 미팅을 통해 서로 이해를 조율해 갔다. 그 결과, 팀은 실제 시장 데이터와 논리를 바탕으로 전략안을 만들 수 있었고, 발표 후 교수님은 "가장 실전적인 안이었다"라고 칭찬해 주셨다. 이 경험에서 그 후배가 진짜로 얻은 건 단순한 칭찬이나 성적이 아니다.

"목표는 막연하게 세우는 게 아니라, 왜 그걸 하고 싶은지를 먼저 아는 게 중요하구나, 라는 것, 그리고 일정을 구조화하고, 실행 계획을 나눠 두면 부담도 줄고 팀워크도 훨씬 잘 돌아가는구나, 라는 걸 깨달았죠."

그때의 경험 덕분에, 지금도 어떤 일을 시작할 때면 먼저 '왜 이걸 하는가'를 생각하고, '어떻게 나눠서 실행할 것인가'를 먼저 메모장에 정리한다고 한다. 그리고 이는 단지 학교 과제에서 끝나지 않는다. 이후 인턴십에서도 작은 팀 프로젝트를 맡았을 때, 당시와 똑같이 "타임라인을 나눠 보자"라고 제안했고, 팀장도 그의 실행력을 높이 평가해 더 큰 업무를 맡겼다고 한다.

이처럼 면접 질문 하나에도 나만의 일하는 방식, 나만의 문제 해결력을 보여 줄 수 있다. 그것이 바로 커리어 브랜딩이다.

"나는 막막한 상황 속에서도 방향을 정하고, 실행으로 이끄는 사람입니다."

이 말을 직접 하지 않아도, 이야기를 통해 자연스럽게 전달된 것이다. 어떤 목표를 스스로 세우고, 힘들었지만 끝까지 해 낸 적이 있었다면 그 안에 당신의 '업무 스타일'과 '가치관'이 담겨 있을 것이다. 그 경험을 정리하고 말할 수 있다면, 당신의 커리어는 한층 더 단단해질 수 있다.

(9) 리더십 - 변화를 만든 행동
(Describe a situation where you showed leadership)

"리더십 경험이 있으신가요?"

대부분 면접 준비를 하면 위의 질문에 이런 고민에 빠진다. '나는 팀장도, 회장도 해 본 적이 없는데, 그냥 팀플 때 열심히 한 정도인데…' 하지만 면접관이 궁금한 건 직책이 아니라 '행동'이다. 실제로 팀장이 아니더라도, 내가 먼저 분위기를 바꿨던 적, 혼자 조용히 앉아 있는 팀의 회의에서 말을 꺼낸 적, 역할을 스스로 정리해서 사람들을 도운 적이 있다면 그건 이미 리더십이 발휘된 순간이다. 리더 타이틀을 단 한 번도 맡아본 적이 없다고 해도 괜찮다.

먼저 제안하고, 사람들을 움직이게 만든 그 행동. 그게 진짜 리더의 시작이다. 이 경험을 예를 들어 정리해 보자.

"When I was a junior in college, I worked on a marketing presentation with a team of five. But in our first meeting, no one spoke up and we couldn't even decide on a topic. Everyone was just quiet, and time passed without progress. So I decided to reach out to each teammate individually. I asked what topics they were interested in and what roles they would feel comfortable with. Then I suggested, 'Why don't we divide the roles based on what each person does best?'"

(대학교 3학년 때, 마케팅 발표 수업에서 5명이 한 팀이 되었습니다. 그런데 첫 모임부터 다들 말이 없고, 발표 주제도 못 정했지요. 그냥 서로 눈치만 보면서 시간이 흘렀습니다. 그때 조용히 일대일로 팀원들에게 연락을 해 봤습니다. 혹시 어떤 주제에 관심 있는지, 어떤 역할을 맡고 싶은지, 이렇게 개별적으로 이야기를 나눴죠. 그리고 이렇게 제안했습니다. '우리 각자 잘할 수 있는 부분을 맡아서 역할을 나눠 보면 어떨까요'라고요.)

그리고 매주 어떤 걸 해 내야 하는지 한눈에 볼 수 있도록 작은 '진행표'를 만들어 팀 카톡방에 올렸다. 물론 중간에 문제가 생기기도 했다. 한 팀원이 마감을 자꾸 놓치면서 전체 일정이 흔들리게 된 것이다. 다들 불만이 생기기 시작했고, 이때 그 친구에게 조심스레 메시지를 보냈다. "혹시 지금 맡은 일이 너무 부담되나요?"라고 묻자, 그 친구는 "요즘 일이 겹쳐서 힘들다"라고 솔직히 털어 놓았다. 그래서 그 친구의 업무를 조금 줄이고, 다른 친구들과 상의해 역할을 다시 조정했다. 결국 발표 날, 우리 팀만 유일하게 '시장 분석 + 실행 전략'을 제시했고, 교수님은 "가장 실전적이고 체계적인 발표였다"라고 칭찬했다. 발표가 끝난 후, 한 팀원이 이렇게 말했다.

"이번 팀플, 제대로 된 팀 같았어요. 혼자였으면 절대 이렇게 못 했을 거예요."

이것이 바로 리더십이다. 대단한 완장을 차야만 리더십을 발휘할 수 있는 게 아니다. **리더는 일일이 업무를 지시하는 사람이 아니라, 함께 협력할 수 있도록 그 길을 만들어 주는 사람이다.** 어떤 프로젝트를 하든, 늘 '우리 팀이 지금 잘 가고 있는지'를 먼저 돌아 보는 태도이다. 말 한마디가 분위기를 바꾸고, 작은 행동 하나가 흐름을 만들 수 있다는 걸 경험해 본 기억이 있다면 당신은 리더십을 충분히 발휘한 경험이 있는 것이다. 혹시 지금 이 글을 읽는 당신도, 리더 타이틀이 없다고 고민하는가? 한 번 생각해 보자.

'내가 먼저 제안해서 팀의 흐름이 바뀐 적은 없었나?'

'어떤 갈등 상황에서 내가 다리를 놓은 적은?'

이것이 바로 당신만의 리더십이다. 그리고 그것은, '나는 어떤 팀에서도 분위기를 바꾸고, 흐름을 만들 수 있는 사람입니다'라는 당신만의 커리어 메시지가 될 수 있다.

(10) 기대 초과 성과 - 자발성·개선 아이디어
(Tell me about a time you exceeded expectations)

"기대 이상의 성과를 낸 적이 있나요?"

보통 '자기 일만 열심히 하는 것'과 '기대를 넘어서는 일'을 구분해 본 적이 없을 것이다. 나 역시 아르바이트를 할 때 그냥 주어진 시간에 맡은 일을 해 내는 게 전부일 경우가 많았다. 하지만 어느 날, 매일 반복되는 혼란스러운 오픈 준비 시간에 문득 이런 생각이 들었다.

'왜 늘 이 시간만 되면 사람들이 바빠 보일까?'

그때부터 관찰을 시작했다. 재고가 들어오는 시간과 물류를 정리하는 시간이 겹쳤지만, 정작 누구도 전체 흐름을 정리하려 들지 않았다는 걸 깨달았다. 그래서 어느 날, 아무도 시키지 않았지만, 엑셀로 간단한 재고 체크리스트를 만들어 보았다. 품목별로 정리 기준도 새로 구성해서 출력한 뒤, 직원 휴게실 근처 벽에 붙였다. 이는 단순히 도와주는 수준이 아니었다. 담당자와 직접 이야기해서 이 시스템을 매장 운영에 반영했고, 그 결과 정리 시간이 20% 이상 줄었다. 들어온 물건을 더 빠르게, 정확하게 처리할 수 있었고, 오전 근무 조의 스트레스도 눈에 띄게 줄어 들었다. 그 변화는 생각보다 큰 주목을 받았다.

매장 매니저는 "이런 건 본사에서 해야 할 일이었는데 네가 먼저 해 줘서 고맙다"며, 인근 다른 지점에까지 공유했다. 이 작은 경험을 통해 스스로 묻기 시작했다.

'나는 단지 시킨 일만 한 걸까? 아니면, 더 나은 방향을 만들기 위해 한 걸까?'

이 질문이 바로 커리어 브랜딩의 시작이다. 회사에서 묻는 "기대 이상의 성과"라는 질문은, 사실 이렇게 바꿔 볼 수 있다.

"시키지 않아도 한 일이 있었나요?"
"그 일이 조직에 긍정적인 영향을 주었나요?"
"그 경험을 통해 당신은 어떤 성장을 했나요?"

이 질문은 이렇게 정리해 볼 수 있다. 기본 역할 외에 스스로 추가로 한 일, 예를 들어 재고품 정리를 공책에 수기로 하던 것을 엑셀 파일로 변환해 한눈에 보기 쉽게 바꾸고, 분류 기준을 새로 구성해서 도입했던 경험과 같은 것이다. 그리고 그 행동이 조직에 준 영향은 어떠했는지 생각해 보자. 예를 들면, "재고 정리에 걸리는 시간이 20% 이상 줄었고, 동료 간 혼선이 크게 줄었다"와 같은 성과다. 이 경험을 통해 얻은 성장이나 피드백은 무엇일까? 바로 이것이다.

"My manager appreciated my initiative and later asked me to take on more improvement projects."
(매니저로부터 자율성과 실행력을 인정받아, 이후 다른 업무 개선 아이디어도 맡게 되었다.)

처음엔 그저 작은 아이디어라고 생각했지만, 이 경험이야말로 자율성과 책임감을 보여 주는 확실한 커리어 브랜딩의 한 줄이 된 셈이다.
누구나 이런 경험을 하나쯤은 가지고 있다. 중요한 건 그 경험을 이야기로 풀어내는 힘이다. 그리고 이 한 줄이, 면접관의 귀에 오래 남는 답이 된다.

"I noticed a problem, and I fixed it—without being asked."
(저는 문제를 발견했고, 아무도 시키지 않았지만 직접 해결했습니다.)

이 문장을 자신 있게 말할 수 있다면, 당신은 이미 기대를 넘어선 사람이다.

(11) 차별화 포인트 - JD 외 '한 끗 차이'
(What makes you a standout candidate?)

"왜 우리가 당신을 뽑아야 하죠?"

자기소개도 했고, 경험도 다 말했는데 또 나를 어필하라니, 순간 머릿속이 하얘질 수 있다. 하지만 사실, 이건 진짜 기회다. 다른 지원자와 구분되는 나만의 무기를 보여 줄 수 있는 순간이기 때문이다.

회사마다 직무기술서가 있다. 여기에는 '해야 할 일'이 정리돼 있다. 예를 들어, 마케팅 직무라면 'SNS 운영' '콘텐츠 기획' 같은 항목들이다.

그런데, 이 질문이 나왔다는 건 이미 기본 조건은 다른 지원자도 비슷하다는 뜻이다. **이럴 때 중요한 건 직무기술서를 넘어서는 나만의 차별점이다.**

한 후배는 마케팅 직무로 지원했지만, 레쥬메를 살펴보던 면접관이 이렇게 물었다고 한다.

"여기 물류팀 아르바이트 경험이 있네요? 이게 마케팅과 무슨 관련이 있죠?"

많은 지원자라면 "잠깐 했던 일이라 큰 의미는 없습니다" 하고 넘어갔을지 모른다. 하지만 그는 달랐다.

"그 경험이 오히려 저의 차별화 포인트라고 생각합니다. 마케팅 캠페인을 기획할 때, 저는 제품이 어떻게 수입되고 물류 과정을 거쳐 고객에게 도착하는지 실제 현장에서 본 경험이 있습니다. 덕분에 물류팀과 협업할 때 소통이 훨씬 수월했고, 공급 일정이나 재고 이슈를 고려한 마케팅 플랜을 세울 수 있었습니다."

단순히 마케팅 경험만 말하는 게 아니라, 물류라는 전혀 다른 영역을 이해한 경험이 협업에서 강점이 될 수 있음을 강조한 것이다. 레쥬메에 없는 '숨은 무기'를 드러낸 셈이다.

이 답변은 이렇게 정리할 수 있다.

"I bring a broader perspective to marketing projects. For example, my short-term experience in a logistics team helped me understand how products are imported and managed, which allows me to collaborate more effectively with operations teams."

(저는 마케팅 프로젝트를 더 넓은 시각으로 접근할 수 있습니다. 예를 들어, 물류팀에서의 짧은 경험을 통해 제품이 어떻게 수입·관리되는지 이해하게 되었고, 그 덕분에 운영팀과 더 효과적으로 협업할 수 있습니다.)

면접 막판에 "왜 뽑아야 하죠?"라고 물으면, 직무기술서에 적힌 당연한 업무 대신, 이 업무와 관련이 있지만, 직무기술서에서는 언급되지 않은 것. 당신이 다른 지원자보다 '한 끗' 앞서 있다는 강력한 증거를 제시해야 한다. 그리고 그 한 끗이, 합격과 불합격을 가를 수 있다.

(12) 이직 이유 - 성장·방향성
(Why did you leave your previous job?)

"왜 이직했나요?"
"왜 전공을 바꾸셨죠?"
"왜 그 회사를 그만뒀어요?"
"이전 경험이랑 지금 직무는 어떤 연관이 있죠?"

이런 질문을 받으면, 잠깐 마음이 조마조마해진다. 혹시 잘못 대답하면 감점되는 건 아닐까? 내가 선택한 길이 잘못된 것으로 보일까 봐

걱정된다. 그런데 사실 면접관이 확인하고 싶은 것은 바로 이것이다.

"이 사람은 자신의 선택을 얼마나 진지하게 생각했을까?"
"단순한 기분으로 선택한 것이 아닌, 성장과 방향을 고민한 결과일까?"

'왜 그만뒀는가'보다 중요한 건 **'왜 이 길을 선택했는가'**이다. 한 후배의 경우, 국문학과를 졸업했지만, 디지털 마케팅 직무에 지원했다. 그러다 면접에서 앞선 질문을 받고, "인턴 시절, 데이터를 보면서 사람들이 어떤 콘텐츠에 반응하는지 분석하는 게 너무 재밌었다"라고 대답했다. '이 사람은 왜 이 콘텐츠에 '좋아요'를 눌렀을까?'를 추측하고, 직접 결과를 보는 게 흥미로웠던 것이다.

이것이 바로 정답이다. '무엇을 좋아하게 되었는지' '왜 그 길을 선택했는지'를 말할 수 있으면 된다.

면접에서 이렇게 말해 보자.

1. 계기 설명 – '왜 이 변화가 시작되었나?'를 이야기하자

"During my internship, I realized how much I enjoy solving real problems through data and communication."
(인턴십 동안 데이터와 커뮤니케이션을 통해 실제 문제를 해결하는 과정이

얼마나 즐거운지 깨달았습니다.)

일을 해 보니 진짜 재밌었던 순간을 설명하면 된다.

2. 결정의 이유 - 단순한 감정이 아닌, 깊이 고민한 결과라는 점을 보여 주자

"Although I majored in literature, I found digital marketing exciting and impactful."

(문학을 전공했지만, 디지털 마케팅이 흥미롭고 영향력이 크다는 것을 알게 되었습니다.)

전공과 달라도, 이 분야를 선택한 이유가 있음을 당당하게 말하면 된다.

3. 지원 동기로 연결 - 왜 이 회사, 이 직무에 지원하게 되었는지 설명하자

"That's why I decided to pursue this field full-time and why I'm particularly drawn to your team."

(그래서 이 분야를 본격적으로 커리어로 삼기로 했고, 특히 귀사의 팀에 끌리게 되었습니다.)

'내 커리어 전환이 이 회사의 이 직무에 적합하다'라는 인상을 심어주자.

예를 들어 이렇게 말하면 된다.

"During my internship, I discovered that I really enjoy solving problems through data and communication.
Although my degree was in literature, I found the work in digital marketing both exciting and meaningful.
That experience made me decide to pursue a full-time role in this field, and that's why I'm especially drawn to your team."

(인턴십을 하는 동안, 저는 데이터와 커뮤니케이션을 통해 문제를 해결하는 일이 정말 즐겁다는 것을 알게 되었습니다. 비록 제 전공은 문학이었지만, 디지털 마케팅 업무가 흥미로우면서도 의미 있는 일이라는 것을 느꼈습니다. 그 경험을 계기로 저는 이 분야에서 정규직으로 커리어를 쌓기로 결심했고, 그래서 특히 귀사의 이 팀에 끌리게 되었습니다.)

이 답변이 좋은 이유는 이렇다. 갑작스러운 전공 변경처럼 보여도 '재밌었다 → 고민했다 → 선택했다'의 흐름이 명확하기 때문이다. 무엇보다도, 본인의 선택을 스스로 설명할 수 있는 사람이라는 인상을 주었다.

지금 이 질문에 답하려면 다음과 같은 질문에 스스로 답해 보며 연습하면 된다.

- 내가 이 분야에 관심을 갖게 된 계기는 무엇이었을까?
- 나의 전공/직무에서 얻은 경험 중, 지금 직무에 도움이 되는 게 있을까?
- 왜 지금 이 회사여야만 할까?

이렇게 풀어내면, 나의 선택이 단순한 '변심'이 아니라 '고민한 결과' 였음을 자연스럽게 설명할 수 있다.

(13) 희망 연봉 - 시장 조사·유연성
(What is your desired salary?)

"희망 연봉은 얼마인가요?"

이 질문을 받게 되면 대부분 수치로 대답해야 한다는 압박감과 함께 '과연 내가 이만큼 받을 자격이 있을까?' 하는 의문이 든다. 특히 경력이 부족한 신입이라면 더욱 그렇다. 그래서인지 많은 지원자가 이 질문에 "회사 기준에 따르겠습니다"라고 얼버무리곤 한다.

하지만 외국계 기업에서 이 질문은 단지 연봉 금액을 묻는 것이 아니다. 진짜 핵심은 '준비된 태도'와 '시장 이해도'다. 숫자 자체보다 중요한 것은, 그 숫자를 말하는 사람의 논리와 태도에 있다.

면접관은 사실 세 가지를 보고 있다.

- 이 지원자는 자신의 시장 가치를 제대로 알고 있을까?
- 해당 직무에 대해 현실적인 기대치를 가지고 있을까?
- 협상 시 유연하고 성숙한 태도를 보여 줄 수 있을까?

이 세 가지가 드러나는 방식은 숫자 그 자체가 아니라, 그 숫자에 이르는 태도와 설명이다. 내가 제안하는 연봉은, 결국 나라는 사람의 시장 이해도, 경험, 태도를 압축한 하나의 메시지이기 때문이다. 그래서 희망 연봉을 말하는 순간은 곧 커리어 브랜딩의 마지막 조각을 완성하는 순간이기도 하다. 예를 들어 이런 식이다.

"Based on my research on similar roles in this industry, and considering my internship experience and relevant skills, I believe a salary in the range of 35 to 40 million KRW would be appropriate. Of course, I'm open to discussing this further depending on the overall compensation package."

(이 업계의 유사한 직무에 대한 조사 결과와 저의 인턴 경험 및 관련 기술을 고려했을 때, 연 3,500만 원에서 4,000만 원 정도가 적절하다고 생각합니다. 물론, 전체 보상 패키지에 따라 추가 논의할 의향이 있습니다.)

이 짧은 문장 속에는 **조사, 경험, 그리고 유연함까지 모두 담겨 있다. 숫자만 던지는 것이 아니라, 내가 그 숫자에 이르는 과정을 설명하고, 협의의 여지도 열어 두는 것이다.**

그래서 면접관은 지원자에게 이렇게 묻는다.

"당신은 스스로를 얼마짜리 인재라고 생각하나요?"

이 질문에 대답하려면, 먼저 나의 가치를 객관적으로 돌아 봐야 한다. 관련 직무에 대해 어느 정도 조사했는지, 유사한 포지션의 연봉 수준을 알고 있는지, 그리고 나의 경험이 그 범위 내에서 어떤 위치에 있는지를 판단해야 한다.

예를 들어 마케팅 직무의 평균 신입 연봉이 3,500만 원 정도라면, 인턴 경험과 실질적인 프로젝트 수행 경험이 있는 지원자는 3,700~4,000만 원 정도의 기대치를 제시할 수 있다. 물론 이 과정에서 중요한 것은 "협의 가능"이라는 말 한마디를 덧붙이는 태도다. 외국계 기업에서는 이런 성숙한 협상 자세를 더 높이 평가한다.

이 질문에 대한 답변을 통해 내가 전달하고자 하는 메시지는 분명해야 한다.

- 나는 준비된 사람이다
- 나는 시장을 이해하고 있다

- 나는 협력할 자세가 되어 있다

이 세 가지 메시지가 담긴다면, 단순한 연봉의 숫자가 아니라 내 전체 커리어의 전략과 태도가 설득력 있게 전달된다. 숫자만으로 나를 표현하는 것이 아니라, 그 숫자에 담긴 나의 전략을 보여 주는 것이다. **당신이 오늘 자신의 가치를 수치화한 그 숫자는 단지 기대치가 아니라, 당신의 커리어 브랜딩 언어이다.**

"나는 이 정도를 받고 싶습니다"라는 말 뒤에는 반드시 이런 말이 따라야 한다.

"왜냐하면 나는 이만큼의 준비가 되어 있기 때문입니다. 그리고, 함께 성장할 의지가 있기 때문입니다."

스스로의 기대치를 정리하고, 그 숫자가 말해 주는 당신의 태도를 점검해 보자. 그 한 문장만으로도, 면접관은 당신의 가능성을 읽을 수 있다.

(14) 타사 지원 여부 - 경쟁력 + 지원 이유
(Are you interviewing elsewhere?)

"혹시 다른 회사에도 지원하셨나요?"

면접을 보다 보면, 예상치 못한 질문에 갑자기 당황할 때가 있다. 그중 하나가 바로 이 질문이다.

'다른 데도 지원했다고 말하면, 이 회사를 별로 중요하지 않게 여긴다고 생각할까?'
'아예 안 봤다고 하면, 너무 준비 없는 사람처럼 보일까?'
'솔직하게 말해야 할까, 아니면 돌려 말해야 할까?'

이처럼 많은 지원자가 이 질문 앞에서 망설인다. 마치 정답을 맞혀야만 할 것 같고, 어떤 답을 해도 감점이 될 것처럼 느껴지기 때문이다. 그런데 사실, 이 질문은 떨어뜨리기 위한 함정 질문이 아니다. 오히려 내가 어떤 기준으로 회사를 고르는 사람인지, 진심으로 우리 회사에서 일하고 싶은지 알고 싶어서 묻는 것이다.

구체적으로 이 질문의 진짜 의도는 세 가지다. '현재 취업 시장에서 이 사람은 어떤 위치일까?'라는 궁금함이 첫 번째다. 두 번째, '다른 회사도 관심을 가질 만큼 경쟁력 있는 지원자인가?', 그리고 마지막 '그

많은 회사 중 왜 하필 우리 회사에 왔을까?'라는 의문이다.

이처럼 이 질문은 단순히 '다른 곳도 가 봤나요?'가 아니라, **본질적으로 '왜 우리인가요? 당신의 선택 기준은 뭔가요?'를 묻고 있는 것이다.**

그렇다면, 어떻게 답해야 할까? 솔직하면서도 전략적인 태도를 유지하는 것이 중요하다. 단순히 "아뇨, 이곳만 지원했습니다"라고 하면 준비가 부족해 보일 수 있고, "다른 데도 지원했습니다"라고 말하면 애정이 없어 보일 수 있다. 대답의 내용에서 중요한 건, '왜 이 회사가 나에게 중요한지'를 설명하는 것이다. 예를 들어 이런 식이다.

"Yes, I'm currently applying to a few global marketing roles. But I'm especially interested in this company because I admire how you use data to shape your strategies, which aligns well with my interests and career goals."

(네, 현재 몇몇 글로벌 마케팅 직무에 지원하고 있습니다. 하지만 이 회사에 특히 관심이 있는 이유는, 데이터로 전략을 설계하는 방식을 존경하기 때문입니다. 이는 제 관심사와 커리어 목표와도 잘 맞습니다.)

이 짧은 답변 속에 '나는 경쟁력 있는 지원자다' '나는 여러 회사 중에서도 이 회사를 진지하게 생각하고 있다' '내 커리어 방향과 잘 맞기 때문이다' 이 세 가지가 모두 들어 있다.

이 답변은 단순한 면접 스킬이 아니다. 내가 어떤 기준으로 회사를 고르는 사람인지 보여 주는, 바로 커리어 브랜딩이 드러나는 답변이다. 예를 들어, 이런 식의 기준을 스스로 정해 보자.

"나는 소비자 데이터를 기반으로 한 마케팅을 하고 싶은 사람이다. 그래서 그런 역량이 강조되는 회사들에만 지원하고 있다. 그중에서도 이 회사는 실제로 데이터를 전략에 잘 반영하고 있다. 그래서 나와 가장 잘 맞는다고 느꼈다."

이렇게 스스로의 기준과 선택의 이유가 분명하다면, 어떤 면접관이든 그 진심을 알아볼 수 있다.

기억하자. '다른 데도 지원했나요?'라는 질문은 당신이 어디를 향해 가고 있는 사람인지를 확인하려는 것이다. 따라서 지원한 회사의 숫자나 이름이 아니라, 내가 이 회사를 선택한 이유와 나의 커리어 방향을 설명하면 된다. 그 한 문장 안에 당신이 얼마나 준비된 사람인지, 얼마나 진지한 지원자인지, 얼마나 자신만의 기준을 갖고 있는 사람인지, 이 모든 것이 담겨 있다.

무엇보다 중요한 건, 그중에서 왜 이 회사인지, 왜 나에게 이 회사가 중요한 선택인지 말할 수 있느냐이다. 그 순간, 당신은 단순한 '지원자'가 아니라 방향이 있는 사람, 준비된 사람, 브랜딩이 된 사람으로 기억될 것이다.

(15) 역질문 – 일·팀·미래 중심의 질문
(Do you have any questions for us?)

"질문 있으세요?"

면접이 끝나갈 무렵, 마치 숨 돌릴 틈을 주듯 조용히 던지는 마지막 질문. 표면적으로는 간단한 듯 보이지만, 사실 이 질문은 지원자에게 처음이자 마지막으로 '주도권'이 넘어오는 순간이다. 면접 내내 질문을 받기만 하던 내가, 이번엔 질문을 던져야 할 차례이기 때문이다. 하지만 많은 이가 이렇게 대답한다.

"괜찮습니다."
"없습니다. 다 설명해 주셨어요."

조심스럽고 예의 바른 태도로 보일 수도 있지만, 면접관 입장에서는 다르게 들린다.

'아, 완벽한 준비가 안 됐구나.'
'우리 회사에 딱히 관심이 없나?'

이 짧은 순간에도 면접관은 판단한다. 당신이 정말 이 회사에서 일하고 싶은 사람인지, 아니면 그저 여러 곳에 지원한 사람 중 하나인지.

이 마지막 질문의 숨은 의미는 이렇다. '당신은 이 회사에 진심인가요?' '우리 팀과 함께 일할 준비가 되어 있나요?' '직무에 대해 고민해 봤나요?' 그러니 이 질문을 받았을 때 "없습니다"라는 대답은 사실상 기회를 놓치는 것과 같다. 면접관은 '좋은 질문'을 기대하고 있다기보다, '준비해 온 질문'에서 그 사람의 진정성을 본다. 실제 업무에 대한 상상, 팀에 관한 관심, 성장에 대한 의지. 그런 마음이 느껴지는 질문 한 줄이면 충분하다.

후배가 직접 겪었던 면접 상황을 살펴보자. 한 외국계 기업의 최종 면접이 끝나갈 즈음, 후배는 긴장을 풀고 이제 끝이구나 싶던 찰나, 마지막 질문을 받았다. 처음에는 머릿속이 하얘졌지만, 평소 준비했던 질문이 떠올랐다.

"제가 맡게 될 역할에서, 초기 3개월 동안의 성공은 어떤 모습으로 그려지길 기대하시나요?"

면접관은 미소를 지으며 대답했고, 면접은 따뜻하게 마무리되었다. 며칠 뒤, 합격 통보를 받은 후배는 연락을 준 인사담당자에게 물었다.

"혹시 마지막 질문도 평가에 반영되나요?"

담당자의 대답은 간단했다. 마지막 질문이 당신을 가장 인상 깊게 만들었다고. 이처럼 준비된 질문은 예의가 아니라 전략이다. 질문 하나에 진심이 담기고, 관심이 드러난다. 질문이 없다는 건 '더 알고 싶은 마음이 없다'라는 인상을 줄 수 있다.

그렇다면 어떻게 질문을 준비해야 할까?

1. '일'에 대한 궁금증을 표현해 보자

진짜 좋은 질문은 조건보다 업무의 방식, 협업의 구조, 팀 분위기에 대한 것이다.

"이 직무에서 신입이 맡게 되는 첫 프로젝트는 어떤 유형이 많나요?"

"팀 간 협업은 주로 어떤 방식으로 이루어지나요?"

2. 내가 감명받은 회사 정보에서 출발해 보자

홈페이지, 유튜브, 뉴스레터 등을 보고 감탄했던 포인트를 떠올려 보자.

"최근에 해외 진출 전략에서 'Local First'를 강조한 부분이 인상 깊었는데, 실제 실무에서 어떻게 구현되고 있는지 궁금합니다."

3. 함께 일하는 모습을 상상해 보자

그 상상을 구체적인 질문으로 바꿔 보자.

"이 직무에서 첫 석 달 동안의 성공은 어떤 모습인가요?"
"다가오는 분기의 팀 최우선 과제는 무엇이며, 이 직무가 그 목표에 어떻게 기여할 수 있나요?"

마지막 질문은 가장 강하게 남는다. 면접을 끝내고 나가는 그 순간, 면접관의 머릿속에 이런 말이 떠오르게 만들자.

"이 사람, 함께 일해 보고 싶다."

지금부터는 자신의 솔직한 마음을 질문으로 전해 보자.

'나는 왜 이 팀에 끌렸는가?'
'무엇이 나를 이 직무로 이끌었는가?'

질문은 요청이 아니라, 당신의 브랜딩이다. "저는 언제든 준비가 되어 있습니다"라는 말보다 더 강력한 메시지를 던질 수 있다. 한 문장의 질문이, 당신을 '지원자'에서 '팀원'으로 바꿔 줄 것이다.

05
3주 차: 영어 면접, 단 15가지 핵심 질문으로 리드하라

[브랜딩 노트]
나만의 영어 면접 답변 템플릿 만들기

영어 면접은 대본을 외우는 자리가 아니다. 그보다 내 경험을 영어라는 '틀'에 맞춰 꺼낼 수 있는 능력이 훨씬 중요하다. 나는 이를 '나만의 면접 답변 템플릿'이라고 부른다. **질문이 바뀌어도, 이 틀만 있으면 경험을 살짝 변형해 다양한 질문에 바로 대응할 수 있기 때문이다.**

예를 들어, 면접관이 이렇게 질문을 한다.

"Tell me about a time you solved a problem at work."
(일하면서 문제를 해결했던 경험을 말해 주세요.)

여기서 당황하는 사람과 준비된 사람의 차이는 틀에 있다. 준비가 안 된 경우에는 답변이 두루뭉술하다.

"Uh… One time… there was a problem… and… I fixed it."
(음… 한번은… 문제가 있었는데… 제가 해결했어요.)

준비된 경우에는 STAR 기법을 활용하면 된다.

- **S(Situation):** "During my internship at ABC Company, our team faced a delay in launching a social media campaign."
(ABC 회사 인턴십 동안, 우리 팀은 소셜 미디어 캠페인 출시가 지연되는 문제에 직면했습니다.)

- **T(Task):** "My role was to find a quick solution to keep the launch on schedule."
(제 역할은 출시 일정을 맞추기 위해 빠른 해결책을 찾는 것이었습니다.)

- **A(Action):** "I suggested using pre-approved content as a temporary measure and coordinated with the design team for quick edits."
(저는 임시 방안으로 사전 승인된 콘텐츠를 활용하자고 제안했고, 디자인 팀과 협력해 빠른 수정 작업을 조율했습니다.)

- **R(Result):** "As a result, we launched on time, and engagement rates in the first week were 25% higher than expected."
(그 결과, 캠페인은 제시간에 출시되었고, 첫 주 참여율은 예상보다 25% 더

높았습니다.)

    이렇게 틀에 맞춰 말하면 짧아도 구체적인 답변이 되고, 영어도 자연스럽게 나온다. 내가 자주 쓰게 될 경험 3가지를 적어 보자. 문제 해결, 목표 달성, 팀워크, 리더십 등이 있다. 그리고 각 경험을 STAR 기법으로 정리해 두자.

    그리고 어려운 단어보다, 내가 바로 써 먹을 수 있는 쉬운 영어를 선택하자. 결과(Result)는 숫자나 변화로 보여 주면 설득력이 두 배가 된다! 이 템플릿을 3개만 완성해도, 15개 질문의 70%는 커버된다.

> 3주 차: 영어 면접, 단 15가지
> 핵심 질문으로 리드하라

[ChatGPT 팁]
합격률을 높이는 모의 영어 면접 트레이닝

AI를 잘 쓰면, 면접 준비를 혼자서도 충분히 할 수 있다. 그중에서도 ChatGPT를 맞춤형 모의 면접관으로 활용할 수 있다.

[마케팅] 직무를 위한 모의 면접관 역할을 해 주세요. 가장 빈번하게 나오는 15개의 면접 질문을 뽑아 주세요. 제가 답변하면, 다음과 같이 해 주세요.

1. 제 답변을 더 자연스럽고 쉽게 다듬어 주세요.
2. 제 답변에 STAR(Situation, Task, Action, Result) 요소가 잘 드러나는지 확인하고, 부족한 부분이 있으면 알려 주세요.
3. 제가 1분 안에 말할 수 있는 쉬운 구어체 영어로 답변을 다시 써 주시고, 연습할 수 있도록 중요한 키워드는 강조 표시해 주세요.

Please be my mock interviewer for a [Marketing] position. Ask me one question at a time from a list of 15 common interview questions. After I answer, please:

1. Make my answer sound more natural and simple.
2. Check if the STAR (Situation, Task, Action, Result) parts are clear, and tell me what is missing.
3. Rewrite my answer in easy spoken English I can say in 1 minute, with important keywords highlighted for practice.

☞ **핵심 팁: 실전 면접 준비**

1. 반복 훈련이 최고의 무기다: 질문에 익숙해질수록 실제 면접에서 당황하지 않는다. 매일 10분이라도 연습해 보자. 준비한 문장은 몸에 배어 자연스럽게 나온다.

2. 영어는 문장 암기만으로 끝나지 않는다: 발음이 어렵거나 입에 잘 안 붙는 단어는 반드시 체크해야 한다. ChatGPT 같은 AI에게 발음 교정 피드백을 받아 보면 훨씬 자신감 있게 말할 수 있다.

3. 실전 리허설을 해 보자: 면접 하루 전, ChatGPT를 모의 면접관으로 설정해 실제처럼 질문과 답변을 주고받아보자. 제한 시간(예: 1분) 안에 답하는 훈련을 하면 긴장감은 줄고, 실전 감각은 올라간다.

4. 핵심만 남겨라: 긴 설명보다 STAR 구조로 결론을 먼저 말하라. 짧지만 강한 메시지가 면접관의 기억에 남는다.

4주 차: 실전 지원, 타이밍과 전략이 전부다

지금 당장 북마크 해야 할 외국계 채용 사이트 Top 6

외국계 회사에서 일해 보고 싶은 꿈이 있었지만, 그 막연한 꿈을 구체적인 계획으로 바꾸는 일은 쉽지 않았다. 무엇부터 시작해야 할지, 이 꿈을 현실로 만들 수 있을지, 감이 잡히지 않았다. 그러다 우연히 외국계 기업의 취업 준비에 꼭 필요한 사이트들을 알게 되면서 취업 준비의 방향이 조금씩 뚜렷해지기 시작했다. 바로 지금부터 소개할 사이트들이 외국계 기업의 취업에 필요한 실질적인 정보와 인사이트를 주었다.

▫ **LinkedIn**

처음엔 단순한 네트워크용 사이트인 줄 알았다. 하지만 알고 보니, 업계 트렌드와 회사 문화, 네트워킹 기회까지 모두 갖춘 취업 필수 도구였다. 관심 있는 직무나 업계 종사자들의 프로필을 보면, 그들이 어떤 경로로 취업했는지, 어떤 스킬을 강조하는지를 직접 확인할 수 있다. 내가 준비해야 할 방향을 더 명확히 잡을 수 있는 플랫폼이다.

웹사이트: https://www.linkedin.com

▫ Glassdoor

회사 분위기나 연봉 수준이 궁금할 때, 가장 먼저 들르게 되는 사이트가 바로 이곳이다.

현직자들의 리뷰를 통해, 실제 업무 환경이나 팀 문화, 급여와 복지 등을 미리 엿볼 수 있다. 단순한 정보가 아니라 현실적인 기대치를 조율하는 데 도움이 되는 리얼 후기가 쌓여 있다.

웹사이트: https://www.glassdoor.com

▫ Indeed

국내외 구인 공고를 한눈에 볼 수 있는 사이트다. 특히 검색 필터 기능이 잘 되어 있어, 원하는 직무, 지역, 경력 조건 등을 세부적으로 설정할 수 있다. 지원 조건부터 채용 절차까지, 외국계 기업의 전형을 파악하는 데 필수적인 채용 정보가 가득하다.

웹사이트: https://www.indeed.com

▫ JobPlanet

한국 기업들의 실제 연봉 데이터를 바탕으로 직무, 직급, 경력 연차에 따른 보상 수준을 비교할 수 있다. 익명 사용자들의 연봉 정보와 기업 리뷰가 함께 제공되고 있다. 동일 직무 혹은 유사한 경력 조건에서 본인이 어느 수준에 위치해 있는지 파악하는 데 도움이 된다. 특히 연봉 협상을 앞두고 있다면, 내 기대치를 합리적으로 설정할 수 있는 기준점이 되어 준다.

웹사이트: https://www.jobplanet.co.kr/buildup/salary

◻ **People & Job**

경력직 중심의 외국계 기업의 채용 정보가 잘 정리된 사이트다. 직무별 세분화가 잘 되어 있어, 관심 있는 포지션의 실체를 파악하기에 적합하다. 또한, 각 직무에 필요한 핵심 역량과 자격 요건도 확인할 수 있어 단순한 공고 사이트를 넘어 커리어 탐색의 출발점이 될 수 있다.

웹사이트: https://www.peopleandjob.com

◻ **Superookie**

신입과 주니어 직무에 특화된 채용 플랫폼이다. 외국계 기업의 첫 취업을 노리는 사람들에게 특히 유용하다. 직무별로 어떤 스킬이 필요한지, 어떤 역할을 기대하는지 초보자 눈높이에 맞춰 친절하게 설명된 것이 특징이다.

웹사이트: https://www.superookie.com

중요한 건, 무작정 지원서를 넣는 것이 아니다. 자신이 원하는 직무가 무엇인지, **그에 맞는 역량과 트렌드를 얼마나 알고 있는지 스스로 점검하고 준비해 나가는 과정은 필수다.**

외국계 기업의 취업을 꿈꾸고 있다면, 이 사이트들은 단순한 정보 이상의 의미를 줄 것이다. 막연했던 꿈을 현실로 바꾸는 첫 단추가 되어줄 수 있을 테니.

4주 차: 실전 지원, 타이밍과 전략이 전부다

지원서 작성 시 놓치기 쉬운 포인트

'영문 레쥬메가 없으면 국문이라도 봐 주겠지'

JD에 "영문 레쥬메 필수"라고 쓰여 있었지만, 간혹 국문 레쥬메만 보내는 경우가 있다. 바로 위와 같은 단순한 생각에서 시작된 실수다. 하지만 3일 뒤, 결과는 '자동 탈락'. 심지어 면접 기회조차 받지 못한다. 나중에 HR 담당자에게 물어 봤더니, "영문 레쥬메 제출 여부만 확인해도 절반은 걸러집니다"라는 답이 돌아왔다. 즉, 지원서 작성 단계에서 이미 게임이 끝난 것이다.

너무나도 당연하지만 의외로 많은 지원자가 자주 놓치는 5가지 지원서 포인트가 있다.

1. 파일명

'레쥬메최종진짜.pdf'같은 본인만 이해하는 이름 대신 '홍길동_Resume_Marketing.pdf'처럼 한눈에 알아볼 수 있게 저장하자. HR 입장에서는 파일명만 봐도 지원자 정보를 식별할 수 있어야 한다.

2. 파일 형식

JD에서 PDF 제출을 요청했는데 Word 파일을 보내면, '기본 지시도 안 지키는 사람'이라는 인상을 준다.

3. 연락처

당연한 이야기지만 전화번호나 이메일 주소에 오타가 나면, 합격해도 연락을 못 받는다. 오히려 타인의 전화번호나 이메일은 수시로 꼼꼼히 확인하면서 본인의 전화번호나 이메일 주소는 너무나도 익숙해 실수하는 사례가 꽤 많다.

4. 빈칸

온라인 지원서에서 자기소개란, 경험 작성란을 비워 두면 성의 없어 보인다. 앞서 언급했듯이 대단할 필요가 없다. 본인이 관심 있는 분야와 사소한 아르바이트 경력이라도 간단히 채워 넣어야 한다.

5. 맞춤형 지원 부재

모든 회사에 똑같은 레쥬메·커버레터를 복붙(복사+붙여넣기)하면, JD와의 연결성이 떨어져 '마구잡이로 돌린 지원서'처럼 보인다.

지원서의 디테일은 업무 습관의 거울이다. 작은 실수 없이 회사의 요청을 정확히 반영하는 건 '이 사람은 꼼꼼하게 일하겠구나'라는 신뢰를 준다. HR 담당자는 지원서만 봐도 이렇게 생각한다.

- 파일명·형식·언어 지침이 정확 → '업무 기본기를 지킨다'
- 빈칸 없이 작성 → '성실하다'
- JD 키워드와 경험이 연결 → '우리 팀에 바로 투입 가능하다'

즉, **서류는 단순한 문서가 아니라 당신의 첫 업무 샘플이다.** 이 샘플이 엉성하면, 면접 기회조차 얻기 힘들다. 지원서를 제출하기 전에 최종 체크를 해 보자.

- JD에서 요구한 언어·형식·파일을 모두 확인했는가?
- 파일명은 이름_포지션명으로 저장했는가?
- 이메일·전화번호에 오타가 없는가?
- 모든 칸을 성의 있게 작성했는가?
- JD 키워드를 내 경험에 연결했는가?

지원서에서 놓치는 작은 포인트들이 합격과 불합격을 가른다. 이는 꼼꼼함만의 문제가 아니라, '지원자의 업무 스타일'을 미리 보여 주는 첫 번째 브랜딩 무대이기 때문이다.

> 4주 차: 실전 지원, 타이밍과 전략이 전부다

작은 회사일수록 좋을까? 나쁠까?

　취업 준비생들은 외국계 기업이라고 하면 대부분 코카콜라, 구글, 애플 같은 대기업을 먼저 떠올린다. 하지만 의외로 합격률이 높은 곳은 이런 초대형 기업이 아니라, 작고 전문적인 외국계 회사이다.

　나 역시 처음에는 유명한 외국계 대기업만 지원했다. 하지만 경쟁률이 수백 대 일이라 서류에서 탈락했다. 그러다 친구의 추천으로 직원 수 100명 남짓한 외국계 건설기기 회사에 지원했는데, 면접까지 순조롭게 흘렀고 결국 합격할 수 있었다. 회사의 규모는 작았지만, 업무 범위가 넓어 빠르게 성장할 수 있는 환경이었다. 이 경험은 '작은 외국계 회사도 충분히 매력적인 선택지'라는 확신을 주었다.

　작은 외국계 회사의 가장 큰 장점은 지원 경쟁률이 낮다는 점이다. 대기업만큼 지원자가 몰리지 않아 상대적으로 서류 통과 확률이 높아진다.

또 규모가 작다 보니 한 가지 업무만 하는 게 아니라, **여러 영역을 동시에 경험할 수 있다.** 예를 들어, 영업 지원으로 들어갔지만 마케팅, 물류, 고객 관리까지 다양한 업무를 맡을 수 있다. 이러한 실무 경험은 커리어 초기 단계에서 큰 자산이 된다.

또 하나의 장점은 **빠른 의사결정 구조다.** 대기업은 본사 승인을 기다리느라 프로젝트가 지연되기 쉽지만, 작은 외국계 회사는 현지에서 자체적으로 실행하는 경우가 많다. 따라서 내가 낸 아이디어가 곧바로 반영될 가능성이 크고, 책임감 있는 역할을 일찍 맡게 된다. 이처럼 '즉시 투입 가능성'이 큰 만큼, 성과를 빠르게 올릴 수 있다.

그렇다면 어떻게 작은 회사를 찾아야 할까? 링크드인이나 피플앤잡 같은 채용 플랫폼에서 '직원 수 50~200명' 필터를 걸어 검색해 보자. 생각보다 많은 외국계 회사가 해당된다. 산업 분야를 너무 좁히지 말고, 소프트웨어, 의료기기, 소비재 등 다양한 분야를 열어 두는 것이 좋다.

또한 작은 회사일수록 레쥬메에 즉시 투입 가능성을 보여 주는 것이 중요하다. 대기업처럼 장기적인 교육 과정을 두기보다는, 바로 현장에서 성과를 낼 수 있는 사람을 찾기 때문이다. 따라서 경험이 많지 않더라도, 내가 했던 일을 숫자로 표현하고, 결과로 보여 주는 문장을 쓰는 게 효과적이다.

예를 들어, 단순히 "인턴 경험 있음"이라고 쓰는 대신 이렇게 써 보자.

"Supported sales team by managing 50+ customer inquiries weekly, improving response speed by 30%."

(주간 50건 이상의 고객 문의를 관리하여 응답 속도를 30% 향상시킴)

또한 프로젝트 경험이 있다면, 그 결과를 강조하자.

"Planned and executed a campus event with 8 teammates, attracting 250 students."

(8명의 팀원과 함께 교내 행사를 기획·운영하여 250명의 학생 참여를 끌어냄)

이렇게 경험을 성과 중심으로 정리하면, 비록 작은 경험이라도 '바로 업무에 투입할 수 있는 사람'이라는 인상을 줄 수 있다. **작은 외국계 회사는 지원자가 낸 레쥬메를 HR만 보는 게 아니라, 실제 팀장이 직접 보는 경우가 많다. 따라서 실무와 연결될 수 있는 키워드를 반드시 포함해야 한다.** 그러니 JD에 나오는 단어를 그대로 반영해야 한다.

예를 들어 JD에 "customer support" "project coordination" "data analysis"가 있다면, 레쥬메에도 같은 표현을 쓰는 게 안전하다. 또한 다양한 역할을 맡을 수 있다는 준비성을 보여 주는 것도 좋다. 작은 회사일수록 한 사람이 여러 업무를 병행하기 때문이다.

예를 들어 이렇게 쓸 수 있다.

"Handled both sales data entry and basic marketing research, supporting cross-functional teamwork."
(영업 데이터 입력과 기초 마케팅 리서치를 함께 담당하며, 부서 간 협업을 지원함)

이런 문장은 작은 회사가 원하는 '멀티 플레이어' 이미지를 줄 수 있다.

대기업에만 올인하면 합격 기회가 제한된다. 작은 외국계 회사는 더 많은 문이 열려 있고, 배움의 속도도 빠르다. **결국 중요한 건 회사의 크기가 아니라, 내가 첫발을 내디디고 배울 수 있는 환경인가이다.** 작은 외국계 회사는 바로 그 기회를 줄 수 있다. 그곳에서 시작한 경험은 이후 대기업으로 옮기든, 그 안에서 리더로 성장하든, 분명 튼튼한 자산이 된다.

> 4주 차: 실전 지원, 타이밍과 전략이 전부다

[브랜딩 노트]
나만의 취업 지도, 채용 채널 정리하기

외국계 기업의 취업 준비를 하다 보면, 채용 공고를 어디서 찾아야 할지 막막할 때가 많다. 예를 들어, 네이버에 '외국계 기업 채용'이라고 검색하면 수백 개의 공고가 쏟아지지만, 그중 절반은 이미 마감됐거나 내가 원하는 직무가 아닐 수도 있다. 그래서 합격자들은 '채용 채널'을 미리 정리해 둔다. 쉽게 말해, 나만의 '취업 지도'를 만드는 것이다.

처음엔 무작정 '사람인' '잡코리아'에서만 검색했다. 그런데 몇 번 지원하다 보니, 원하는 외국계 기업 마케팅 공고는 링크드인과 피플앤잡에 더 빨리 올라오는 걸 알게 됐다. 그래서 이후엔 아침마다 이 두 플랫폼부터 확인한다. 결과적으로, 지원 속도가 빨라져서 면접 기회도 더 많아졌다.

나만의 목표 직무와 산업을 먼저 정해 보자. 예를 들면, 외국계 소비재 마케팅, IT 영업, 글로벌 HR 등. 채널별 특징을 메모해 두고 다음 사이트를 찾아보자.

- 링크드인: 글로벌 기업·영문 JD
- 피플앤잡 : 직종별, 업종별 채용 공고
- 사람인/잡코리아: 필터 검색 편리, 레쥬메 등록으로 제안받기
- 기업 공식 채용 페이지: 해당 기업의 공고만 확인 가능

지금부터는 아침, 점심, 저녁, 이렇게 하루 세 번 체크를 목표로 루틴화하자. 링크드인에서는 외국계 기업의 본사·지사의 채용이 있으니 영문 레쥬메도 미리 준비해 두고, 피플앤잡의 빠른 채용·추천 제도도 활용해 보자. 기업 홈페이지에서는 공식 채용 절차를 진행하니 마감일을 정확하게 확인해 보자. 가능하다면, 네트워크도 활용해 지인 추천, 사내 추천 제도를 살펴보자. 취업 시장은 속도가 반이다.

> **핵심 팁: 나만의 채용 채널 관리법**

1. 엑셀·노션에 표 만들기

채널명 / 특징 / 체크 빈도 / 지원 여부를 한눈에 볼 수 있게 정리하자.

2. 체크 루틴 만들기

아침, 점심, 저녁 하루 3번 확인(특히 링크드인·피플앤잡)

3. 알림 기능 활용

링크드인·피플앤잡 키워드 알림을 설정해 두면, 새 공고가 뜨자마자 확인이 가능하다.

4. 마감일 캘린더에 기록

캘린더에 마감일을 표시해 두고, 하루 전 '리마인더'를 설정하자

5. 네트워크 활용

공고만 보지 말고, 링크드인에서 현직자에게 연결 요청을 보내고, 지인 추천 제도도 적극 활용해 보자

> 4주 차: 실전 지원, 타이밍과 전략이 전부다

[ChatGPT 팁]
맞춤 레쥬메, 커버레터 초안 받아보기

커버레터는 '이 회사에서 왜 나를 뽑아야 하는지'를 한 페이지 안에 설득하는 문서이다.

그런데 처음부터 멋진 문장을 쓰려면 시간이 오래 걸린다. 그러니 일단 지원하는 직무, JD에 맞춰서 업데이트할 필요가 있다. 여기서 ChatGPT를 활용하면, 훨씬 빨리 업데이트하여 지원할 수 있다.

- 지원 직무: 글로벌 마케팅 어시스턴트
- 강점: SNS 캠페인 기획, 데이터 분석 경험
- 회사 특징: 데이터 기반 글로벌 캠페인

ChatGPT 프롬프트 예시

"다음 정보를 바탕으로 외국계 글로벌 마케팅 어시스턴트 직무에 맞는 커버레터 초안을 작성해 줘."

- 경험: 인턴 시 SNS 캠페인 운영, A/B 테스트로 반응률 35% 향상
- 강점: 데이터 분석, 콘텐츠 최적화
- 회사 특징: 데이터 기반 글로벌 캠페인
- 톤: 전문적이면서도 적극적인 지원자

ChatGPT 초안 예시

Dear Hiring Manager,

I am excited to apply for the Global Marketing Assistant position at [Company Name].

During my internship at ABC Media, I managed a social media campaign that improved engagement by 35% through A/B testing and targeted content optimization.

I am eager to bring my data-driven creativity and global marketing passion to your team, supporting your expansion into new markets.

Sincerely, [Your Name]

(채용 담당자님께, [회사명]의 글로벌 마케팅 어시스턴트 직무에 지원하게 되어 매우 기쁩니다.

ABC 미디어 인턴십 동안, A/B 테스트와 타깃 콘텐츠 최적화를 통해 참여율을 35% 향상시킨 소셜 미디어 캠페인을 관리한 경험이 있습니다.

저는 데이터 기반의 창의성과 글로벌 마케팅에 대한 열정을 귀사의 팀에 보태어, 새로운 시장 확장에 기여하고 싶습니다. 감사합니다.

지원자 이름)

초안은 ChatGPT로 빠르게 만들고, 내 말투와 회사 맞춤 정보를 직접 수정하자. JD에서 나온 키워드를 그대로 넣으면 AI가 직무에 맞게 연결해 준다. **'내 경험'과 '회사 방향성'을 꼭 한 문단 안에서 만나게 하자.** 이렇게 하면, 지원서 마감 하루 전에도 커버레터 초안을 30분 안에 완성할 수 있다. 그리고 마지막 문장은 항상 이렇게 마무리하자.

"I look forward to contributing my skills to your team and making an immediate impact."

(제 역량을 발휘해 귀사 팀에 기여하고, 곧바로 가시적인 성과를 만들어 내고 싶습니다.)

PART 3

외국계 기업에서 커리어 가치를 높이는 법

입사 후, 진짜 '일머리'는 여기서 갈린다

외국계 기업에 신입으로 들어갈 경우 초반 3개월은 다소 불안하다. 업무는 겨우 따라가고 있지만, 팀에서 뭔가 "저 친구 믿음직하다"라는 소리를 못 듣는 것 같다.

하지만 서두를 필요는 없다. **처음 6개월은 '속도'보다 '방향'을 배우는 시간이고, 나 혼자 잘하는 것보다 '팀이 나를 믿게 만드는 것'이 더 중요하다.**

신입 때는 일을 빨리 하는 것보다, 왜 이 일을 하는지, 이 과정이 회사에 어떤 의미가 있는지 이해하는 게 우선이다. 예를 들어, 단순히 보고서만 만드는 게 아니라, '이 보고서가 어떤 회의에서 쓰이고, 누구의 의사결정에 영향을 주는지'를 아는 것이다. 이걸 알면, 같은 일을 하더라도 훨씬 정확하게 할 수 있다.

업무를 하다 모르는 게 있다면 질문을 하자. 하지만 무작정 "이건 뭐예요?"라고 묻는 건 오히려 신뢰를 깎는다. 좋은 질문은 먼저 생각한 뒤 확인하는 질문이다.

"제가 이해한 바로는 ○○이 이런 과정인데, 맞나요?"
"이 보고서에서 A 항목을 더 넣으면 도움이 될까요?"

처음부터 큰 프로젝트를 성공시키는 건 쉽지 않다. 하지만 마감 시간을 지키고, 약속한 내용을 빼먹지 않고, 메일에 빠르게 답하는 것만으로도 "저 사람은 믿을 만하다"라는 평가가 생긴다. 신뢰는 거창한 성과보다, 작은 약속을 지키는 습관에서 시작된다.

▫ **외국계 기업 입사 후 첫 6개월, 이렇게 일해 보자**
- 회의 전 준비: 회의 안건과 관련 자료를 미리 읽고, 모르는 부분은 사전에 체크
- 업무 노트 작성: 그날의 지시와 마감일, 진행 상황을 한눈에 볼 수 있게 정리
- 피드백 기록: 피드백은 따로 모아 두고, 비슷한 실수 반복하지 않기
- 관찰하기: 팀에서 인정받는 선배들의 메일, 보고서, 회의 방식 유심히 살펴보기

첫 6개월 동안 했던 일을 그냥 흘려보내면, 나중에 레쥬메에 쓸 업

무가 없다. 그래서 '작업 일지를 만들어 두는 걸' 추천한다.

- 1월: ○○ 보고서 작성, 데이터 오류 3건 수정 → 제출 속도 20% 개선
- 2월: 고객 프레젠테이션 지원, 질문 리스트 사전 준비 → 회의 시간 15분 단축
- 3월: 내부 문서 공유 방식 개선 제안 → 팀원 5명 사용, 파일 검색 시간 절감

이렇게 쓰면, 나중에 성과 중심 문장으로 변환하기가 쉬워진다.

"Improved report accuracy and delivery time by 20% through process optimization in my first month."
(첫 한 달 동안 프로세스를 최적화하여 보고서의 정확도를 높이고, 제출 소요 시간을 20% 단축했습니다.)

외국계 기업에서의 첫 6개월은 나의 탁월함을 뽐내는 것이 아닌 업무 방식을 배우는 시간이다. 업무 방향을 이해하고, 좋은 질문을 하고, 작은 신뢰를 매일 쌓는다면 1년 차에 접어들 때 이미 "저 친구는 믿음직하다"라는 평을 듣게 된다. 그리고 이 6개월 동안의 기록이, 앞으로의 커리어를 소개할 때 "첫 회사에서 이렇게 성장했습니다"라는 당당한 스토리로 발전하게 된다.

성장하는 사람의 3가지 습관

첫 직장에서 몇 달이 지나면, 이런 고민이 생길 수 있다. '다들 바쁘게 일하는데, 나는 제자리인 것 같다.' '경력 있는 선배들은 어떻게 지금까지 탁월한 성과를 낼 수 있었을까?'

나 역시 사회 초년생 때 똑같은 고민을 했다. 그때 멘토가 해 준 말이 아직도 기억난다.

"성장은 큰 사건에서 오는 게 아니야. 매일 하는 작은 습관이 모이다, 어느 날 갑자기 티가 나는 거더라고."

그러니 이제부터는 이렇게 실천하자.

"매일 조금씩, 하지만 꾸준하게"

성장하는 사람들의 공통 습관 3가지

1. 기록하는 습관 - "기억은 흐릿해져도 기록은 남는다"

성장하는 사람들은 하루에 했던 일, 배운 점, 피드백을 메모한다. 예를 들어, 회의에서 들은 새로운 용어나, 선배가 알려준 업무 팁을 바로 적어 둔다. 이 기록은 나중에 업무 매뉴얼이 되고, 레쥬메에 넣을 성과 문장으로도 전환할 수 있다.

2. 질문하는 습관 - "몰라서 묻는 게 아니라, 더 잘하려고 묻는다"

외국계 기업에서는 질문을 두려워하지 않는 사람이 빨리 성장한다. 단, 아무 준비 없이 묻지 말자. 성장하는 사람은 먼저 생각하고, 그다음 확인하는 질문을 한다.

예를 들면, "이거 어떻게 해요?"라는 질문이 아닌, "이 자료를 이렇게 정리했는데, A 부분을 더 보강하면 좋을까요?"라고 질문하는 것이 좋다.

이런 질문은 "이 사람은 업무에 관한 고민을 하고, 방향성을 확인하려는구나"라는 신뢰를 준다. 무턱대고 바쁜 선배들을 붙잡고 계속해서 같은 질문을 하면 안 된다.

3. 피드백을 행동으로 바꾸는 습관 - "듣고만 끝내지 않는다"

피드백은 성장의 '바로미터'다. 하지만 받은 뒤에 기록만 하고 행동으로 옮기지 않으면 아무 소용이 없다. 성장하는 사람은 피드백을 들은 뒤, 그 자리에서 실행 계획을 세운다.

- 피드백: "보고서에 데이터 출처를 더 명확히 써 주세요."
- 실행: 다음 보고서부터 모든 데이터에 출처 표기 + 표 하단에 참고 링크 추가

이렇게 하면, 같은 피드백이 반복되지 않고, 선배나 상사에게 '한 번 말하면 바로 개선하는 사람'이라는 강한 인상을 준다.

성장하는 사람은 운이 좋은 사람이 아니라, 습관을 통해 스스로 기회를 만드는 사람이다. 기록, 질문, 실행. 이 3가지를 매일 반복하면, 입사 후 1년이 지날 때쯤 당신의 레쥬메에는 자연스럽게 '성과 중심의 경험'이 가득 차 있을 것이다.

"Reduced customer response time by 20% through process improvement suggested after feedback from manager."
(매니저의 피드백을 참고해 제안한 프로세스 개선으로 고객 응답 시간을 20% 줄였습니다.)

이 문장은 단순한 피드백에서 출발했지만, 결국 나의 '성장 스토리'가 되어 커리어 브랜딩을 완성했다.

글로벌 커뮤니케이션의 핵심 3가지

"영어를 완벽하게 하지 못하면 글로벌 회사에서 일을 못하나요?"

외국계 기업의 취업을 준비하는 분들이 여전히 가장 많이 하는 질문이다. 나 역시 처음 외국계 기업에 입사할 때, 영어가 완벽하지 않아 불안했다. 그런데 막상 들어와 보니, 완벽한 문법보다 훨씬 중요한 게 있었다. 바로 상대가 내 말을 쉽게 이해하도록 하는 힘이다.

글로벌 커뮤니케이션의 핵심은 크게 3가지다.

첫 번째, 명확하고 간결하게 말하기

영어를 잘하고 싶은 마음에 길게 말하다 보면 정작 중요한 메시지를 놓칠 수 있다. 다국적 팀의 회의는 대체로 짧고, 발언 시간이 제한적이다. 각자 1~2분 안에 핵심을 전달해야 하는 경우가 많다. 이때 불필요하게 장황한 설명을 하면, 결국 아무도 당신의 메시지를 기억하지 못한다.

예를 들어, 이렇게 말하면 핵심이 흐려진다.

"I was thinking about the possibility that we could maybe try a different approach for the next campaign…."
(다음 캠페인에서는 아마도 다른 접근 방식을 시도해 보는 게 어떨까 생각해 봤습니다….)

반면, 이렇게 말하면 듣는 사람이 바로 이해할 수 있다.

"Let's test a new campaign format to improve engagement next month."
(다음 달 참여율을 높이기 위해 새로운 캠페인 형식을 시험해 봅시다.)

즉, '**길고 애매한 표현보다, 짧고 단순하지만 핵심을 드러내는 문장**'이 훨씬 효과적이다.

두 번째, 결론부터 말하기

한국에서는 배경 설명을 길게 하고 마지막에 결론을 말하는 경우가 많다. 하지만 글로벌 회의에서는 이런 방식이 잘 통하지 않는다. 상대방은 먼저 결론을 듣고, 그다음 이유와 세부 사항을 듣고 싶어 한다. 예를 들어 이렇게 말하자.

"The event was successful. Over 200 students joined, thanks to active promotion on social media."
(행사는 성공적이었습니다. SNS 홍보 덕분에 200명 이상의 학생이 참여했습니다.)

이렇게 결론을 먼저 던져 주면, 듣는 사람은 곧바로 '왜 그런 결과가 나왔는지'에 집중한다. 설명을 다 듣고 나서 결론을 말하는 것보다 훨씬 이해하기 쉽다.

이 원칙은 영어 메일에도 그대로 적용된다. 글로벌 회사에서는 모두가 바쁘기 때문에 긴 메일은 끝까지 읽히지 않는다. 그래서 메일은 짧고 명확하게, 3문단 규칙으로 쓰는 것이 가장 효과적이다.

- 1문단: 결론
- 2문단: 이유
- 3문단: 요청 또는 다음 단계

이 규칙을 지키면 메일을 받는 사람은 '이 메일의 핵심이 무엇인지,

내가 무엇을 해야 하는지'를 빠르게 이해할 수 있다. 말하기와 쓰기 모두에서 결론부터 전달하는 습관이 글로벌 커뮤니케이션의 기본이다.

세 번째, 같은 말도 다르게 표현하기

다국적 팀에서는 같은 표현이라도 문화권에 따라 다르게 받아들인다. 예를 들어, 미국 팀원은 직설적인 피드백을 선호하는 반면, 아시아 팀원은 부드럽고 완곡한 표현을 더 편하게 느낀다.

미국 팀원과의 협업 시,

"This part doesn't meet the goal. Let's adjust."
(이 부분은 목표에 맞지 않습니다. 조정합시다.)

한국 팀원과 협업 시,

"If we improve this part a little, it will work better."
(이 부분은 조금 다듬으면 목표에 더 가까워질 것 같습니다.)

같은 의미라도 문화에 맞게 표현하면 협업이 훨씬 원활해진다. 이것이 바로 글로벌 커뮤니케이션에서 중요한 힘이다.

정리하면, 글로벌 커뮤니케이션은 ①짧고 간결하게, ②결론부터, ③

문화에 맞게 이 3가지 원칙으로 귀결된다. 이는 단순히 영어를 잘한다는 뜻이 아니다. 일이 잘 굴러가도록 만드는 커뮤니케이션 능력을 보여주는 것이다.

외국계 기업에서
업무 탁월성을 인정받는 법

많은 분이 외국계 기업이라면 '영어를 잘하는 사람' '프레젠테이션을 멋지게 하는 사람'이 높은 평가를 받는다고 생각한다. 물론 이 역시 플러스 요인이다. 하지만 20년간 외국계 기업에서 일하면서 느껴 본 '업무 탁월성'의 평판 기준은 조금 다르다. 그건 바로 '속도, 품질 그리고, 태도의 조합'이다. 이 3가지가 고루 갖춰져야, "저 사람 덕분에 일이 술술 풀린다"라는 말을 듣게 된다.

'일을 잘한다'라는 3가지 기준
1. 속도 – '늦게 완벽한 것보다, 제때 완성된 게 낫다'

외국계 기업에서는 프로젝트 일정이 상당히 촘촘하게 짜여진 경우가 많다. 완벽주의에 빠져서 기한을 놓치면, 아무리 멋진 결과물이라도 팀 전체 일정이 어긋난다. 그래서 '일 잘하는 사람'은 완벽을 추구하면서도 마감일을 철저히 지킨다. 예를 들면, 기획서 초안은 빠르게 제출한 뒤, 피드백을 받아 수정하는 것이 좋다. 80% 완성도에서 공유하고, 팀 의견을 반영해 완성도를 높이는 것이다.

2. 품질 – '기본 이상의 결과물을 낸다'

속도는 빠른데 내용이 부실하면 곤란하다. 외국계 기업에서는 결과물이 곧 당신의 이름표이기 때문에 기본 이상은 당연하고, 한 끗 더 나은 완성도를 보여 주는 것이 중요하다. 예를 들어 리포트를 제출할 때, 데이터만 나열하지 않고 인사이트를 추가한다던가. 프레젠테이션 자료에 핵심 요약 슬라이드와 '다음 단계 제안'을 포함한다.

3. 태도 – '함께 일하고 싶은 사람'

외국계 기업에서는 '혼자 잘하는 사람'보다 '함께 잘하는 사람'이 더 높은 평가를 받는다. 이유는 간단하다. 다국적 팀에서는 시간 차이, 언어 장벽, 문화 차이 등 변수가 많아 혼자서 모든 걸 해결할 수 없기 때문이다.

예전에 근무하던 외국계 기업의 한 후배는 입사 첫 달부터 좋은 평가를 받았다. 그는 첫 프로젝트에서 기한보다 2일 먼저 초안을 제출했고, 추후 피드백 내용을 반영해 하루 만에 최종본을 완성했다. 게다가 자료 마지막 장에 '다음 캠페인을 위해 시도해 볼 아이디어 3가지'를 덧붙였다. 그 순간 팀장은 이렇게 말했다.

"이 친구는 결과물로 대화를 이어 가게 하는 사람이네."

사실, '일을 잘한다'라는 평판은 한 번에 생기지 않는다. 작은 프로젝트, 간단한 업무라도 매번 속도와 품질, 태도를 일정하게 유지해야 한다. 이런 기록이 쌓이면, 추후 레쥬메에 다음과 같이 쓸 수 있다.

"Consistently delivered projects ahead of deadlines with actionable insights, resulting in 15% faster decision-making across the team."
(실행 가능한 인사이트를 제공하여 항상 프로젝트를 마감 기한보다 일찍 완료했고, 그 결과 팀의 의사결정 속도가 15% 빨라졌습니다.)

이는 단순히 '빠르고 꼼꼼한 사람'이 아니라, '팀의 성과를 앞당긴 사람'이라는 강력한 신호이다.

나의 업무 경험을
경력 브랜딩으로 연결하는 방법

취준생들이 가장 많이 하는 고민은 무엇일까? 나 역시 그랬지만, 왠지 경력이 부족한 듯한 아쉬움이다. 그런데 나는 이 말을 반드시 해주고 싶다. **경력은 '기간'이 아니라 '기록'이라는 것.** 즉, 1년을 일했더라도 '아무것도 남기지 않은 1년'은 경력으로 쓰기 어렵고, 한 달이라도 변화를 만들었다면 충분히 경력 브랜딩이 될 수 있다.

경험을 브랜딩으로 바꾸는 방법을 소개하겠다. 업무를 그저 하루의 루틴처럼 '매일 매일 해야 하는 일'로 남겨 두면 아무런 의미가 없다. 그 일을 '어떤 상황에서, 어떤 목표를 갖고, 무엇을 해서, 어떤 결과를 냈는가'로 바꾸어 기록해야 한다. 이것이 바로 커리어 브랜딩 노트다.
예를 들어, 단순히 'SNS 관리'라고 쓰지 말고, "신제품 출시를 앞두고 SNS 콘텐츠 10편을 기획·게시해, 3주간 팔로워 참여율이 40% 상승했다"라고 쓰면 된다.

성과는 수치로 말해야 한다. 외국계 기업은 '느낌'보다 '숫자'를 신뢰한다. '많이 개선했다'보다 '30% 개선했다'가 더 설득력 있다. "매출이 늘었다"가 아니라, "프로모션 캠페인으로 월 매출이 25% 증가했다"라고 쓰는 것이다.

다만, 그냥 경험만 나열하면 '일화 모음집'이 되고 만다. 이 경험을 지원하는 직무의 핵심 키워드와 연결해야 한다. 마케팅 직무를 지원할 때, '캠페인 기획' '데이터 분석' '고객 인사이트'라고 쓰고, 영업 직무 지원은 '매출 성장' '신규 고객 확보'라고 기록한다.

실제, 카페 아르바이트도 브랜딩이 될 수 있다. 한 후배는 카페 아르바이트 경험을 이렇게 바꿨다.

전: "Worked as a barista at a café."
(카페에서 바리스타로 근무)

후: "Analyzed customer feedback and redesigned the menu, increasing monthly sales by 15%."
(고객 피드백 분석을 통해 메뉴판을 재구성, 월 매출 15% 증가)

이렇게 쓰니, 단순 서비스직이 아니라 데이터로 문제를 해결한 사람처럼 보이지 않는가?

  커리어 브랜딩 노트는 대단한 것이 아니다. 소소한 습관을 기록한 것이다. 이것이 곧 경력이 된다. 결국 경력 브랜딩의 핵심은 '기록'이다. 작은 업무라도 날짜·목표·성과를 적어 두자. 이 기록들이 쌓이면, 나중에 레쥬메와 면접 답변에서 빛을 발한다.

- 최근 6개월 안에 한 일 중, 변화를 만든 순간은?
- 그 결과를 숫자나 구체적 변화로 표현하면?
- 그 경험이 지원 직무와 어떤 연결점이 있는가?

이렇게 하면, 단순한 경험도 "이 사람이 우리 팀에 오면 무언가 바꾸겠구나"라는 확신을 주는 경력 브랜딩 자산이 된다.

[브랜딩 노트]
한눈에 읽히는 경험 정리, 커리어 브랜딩의 시작

경험이 너무 많아 뭘 써야 할지 모르는 경우도 있다. 나는 이를 위해 '커리어 브랜딩 시트'를 만들 것을 추천한다. 이는 나의 모든 경험을 '비즈니스 언어'로 정리한 나만의 데이터베이스이다. 이 시트를 만들어 두면, 레쥬메·커버레터·면접 답변까지 전부 여기서 꺼내 쓸 수 있다.

커리어 브랜딩 시트 제작 4단계
1. 모든 경험 적어 놓기

아르바이트, 인턴, 동아리, 프로젝트, 봉사활동, 수상 경력…. 작아 보이는 경험도 빼놓지 말고 전부 적어 보자. '쓸모 있을까?' 고민할 필요도 없다.

- 편의점 아르바이트

- 교내 마케팅 공모전
- 봉사 동아리 운영
- IT 동아리 앱 개발 프로젝트

2. 각 경험을 STAR 기법으로 정리하기

- Situation: 어떤 상황에서
- Task: 어떤 목표를 맡았고
- Action: 어떤 행동을 했으며
- Result: 어떤 결과를 만들었는지

예를 들면, 편의점 아르바이트의 경우,

- S: 아침 근무 시간대에 재고 정리와 입고 확인이 겹침
- T: 혼선을 줄이고 재고 확인 속도를 높이는 방법 찾기
- A: 엑셀 재고표를 만들고 품목별 코드 부착, 동료와 공유
- R: 재고 확인 시간 20% 단축, 불량·중복 발주 건수 0건

3. 결과를 수치·변화 중심으로 표현하기

- "SNS 운영 경험"
- "SNS 콘텐츠 8편 기획·운영, 1개월간 참여율 35% 상승"

4. 직무 키워드 붙이기

각 경험 옆에 직무 관련 키워드를 적자. 이는 나중에 지원 직무에 맞게 재배치하는 '필터'가 된다.

- 편의점 알바 → Problem-Solving / Efficiency Improvement
- 공모전 → Marketing Strategy / Data Analysis
- 동아리 운영 → Leadership / Communication

그럼, 이제 이렇게 활용할 수 있다.

- 레쥬메: 지원 직무에 맞는 키워드가 붙은 경험만 골라서 쓴다.
- 커버레터: 이 시트 내용을 스토리로 풀어낸다.
- 면접: 경험 질문이 나오면 STAR 포맷으로 바로 답한다.

이 시트는 말 그대로 내 커리어의 지도이다. 지도 위에 내가 걸어온 길을 표시해 두면, 앞으로 어디로 가야 할지 더 뚜렷해진다. 그리고, 이 지도는 계속 업데이트해야 한다. 새로운 프로젝트, 성과, 배우고 느낀 점이 생길 때마다 추가해 보자.

[ChatGPT 팁]
10초 안에 시선을 붙잡는
프로필 만드는 법

"제 링크드인 소개 글은 그냥 레쥬메에 썼던 글을 '복붙'하면 안 돼요?"

많은 사람이 이런 질문을 한다. 링크드인은 온라인에서 나를 소개하는 디지털 명함이다.

그런데 많은 분이 레쥬메 내용을 그대로 붙여 넣거나, "Hard-working and passionate about marketing" 같은 뻔한 문장만 쓴다. 이런 소개는 10초 안에 기억 속에서 사라진다. 링크드인은 채용 담당자나 네트워킹 상대가 수십, 수백 개 프로필을 빠르게 훑는 곳이다. 그렇기 때문에 첫 2~3줄에서 "오, 이 사람 흥미로운데?"라는 인상을 주지 않으면 바로 잊힌다.

ChatGPT를 활용한 프로필 문장 다듬기 전략

1. 내 강점을 먼저 정리한다

링크드인에서 잘 보이려면, 내가 무엇을 잘하는지와 어떤 가치를 주는 사람인지를 한 줄로 보여 줘야 한다.

"Data-driven 마케팅 전략으로 브랜드 인지도를 높이는 마케터"

2. ChatGPT에 '전문가 카피라이터 모드'로 요청하기

그냥 "소개 글 써주세요"라고 하면 평범한 문장이 나온다. 대신 이렇게 구체적으로 요청하자.

"다음 경력을 기반으로, 채용 담당자가 10초 안에 관심을 가질 수 있는 링크드인 헤드라인과 3줄 소개를 작성해 주세요. 톤은 전문적이면서도 친근하게 해 주세요."

경력: 마케팅 인턴, SNS 캠페인 3회 기획, 팔로워 참여율 40% 증가, 콘텐츠 A/B 테스트 경험.

3. ChatGPT가 제안한 문장을 다듬어 나만의 색깔 입히기

헤드라인:

Data-Driven Digital Enthusiast

Increased Engagement by 40%

Eager to Grow in Global Content Strategy

데이터 기반 마케팅에 열정을 가진 지원자

참여율 40% 향상 경험

글로벌 콘텐츠 전략으로 성장하고 싶은 사람

3줄 소개:

As a marketing intern at ABC Media, I supported three social media campaigns that improved engagement by 40% in just one month. I'm interested in applying A/B testing and digital insights to make content more effective. Looking ahead, I want to grow as a marketer who helps brands connect with audiences across borders..

(ABC Media에서 인턴으로 근무하며 세 가지 소셜 미디어 캠페인을 지원했고, 단 한 달 만에 참여율을 40% 끌어올렸습니다. A/B 테스트와 디지털 인사이트를 활용해 콘텐츠를 더 효과적으로 만드는 데 관심이 있습니다. 앞으로는 브랜드가 국경을 넘어 고객과 연결될 수 있도록 돕는 마케터로 성장하고 싶습니다.)

여기에 본인의 어투, 관심 분야, 앞으로의 목표를 살짝 추가하면 된다.

링크드인 문장에는 첫 2~3줄에서 내가 하는 일이 명확하게 보일 수 있게 하자. 숫자와 성과가 최소 한 개는 들어 있되 앞으로의 관심 분야나 방향성이 한 줄로 담겨 있게 만들자. 너무 기술적이지 않고, 읽는 사람이 '이 사람 만나보고 싶다'라는 생각이 들 수 있도록 말이다.

지금 당장 링크드인 프로필의 첫 3줄을 복사해 보자. ChatGPT에 경력·성과·관심 분야를 넣고 '10초 안에 시선을 붙잡는 소개'로 다듬어 달라고 요청하자.

결과를 읽고, 나의 어투와 색깔을 입혀 최종으로 수정하자. 링크드인은 한 번 작성해 두고 방치하는 프로필이 아니다. 새로운 경험이나 성과가 생길 때마다 즉시 업데이트해야 한다. 이것이 바로 디지털 세상에서 커리어를 '살아 있는 브랜드'로 유지하는 비결이다.

에필로그

"불안한 지금,
그래도 도전할 당신을 위하여"

"The more you fail, the more you will live, and you deserve a wonderful life! Starting today, set aside five minutes a day to do what you love. Find something you have been meaning to do and give yourself permission to do it badly right away."

(실패가 많을수록 삶은 더 풍성해집니다. 당신은 멋진 삶을 살 자격이 있습니다. 오늘부터 하루 단 5분이라도 좋아하는 일을 해 보세요. 오래 미뤄 왔던 일이 있다면, 잘못해도 괜찮으니 지금 당장 시작할 허락을 자신에게 주세요.)

— 라이언 바비노 & 존 크럼볼츠 Ryan Babineaux & John Krumboltz

"Fail Fast, Fail Often."

실패는 누구에게나 두렵다. 하지만 한 가지 확실한 사실은, 실패 없이 도전도 없다는 것이다. "Fail Fast, Fail Often." 자주 듣는 말이지만, 막상 내 상황이 되면 그렇게 쉽게 받아들여지지 않는다. 그래도 해보자. 실패를 두려워하지 말자. 실패는 끝이 아니라, 다음 단계로 나아가기 위한 디딤돌이다.

처음 외국계 기업에 도전했을 때, 나 역시 두려움이 컸다. 영어 실력이 부족하다고 느꼈고, 내가 과연 이 환경에서 버틸 수 있을까 수없이 망설였다. 이메일 하나에도 몇 시간을 고민해야 했고, 회의에선 말 한마디 꺼내는 게 두려웠던 시절도 있었다. 하지만 지금 돌아 보면, 그 시간이 모두 커리어를 단단하게 만들어 준 자산이 되었다.

그때 배운 건 하나다. **준비가 되어 있을 때 도전하는 게 아니라, 도전하면서 준비된 사람이 되어 간다는 것.** 그리고 중요한 건 정답에 도달하기 위한 속도가 아니라, 실수를 인정하고 돌아볼 수 있는 용기이다.

요즘 많은 후배가 "저는 아직 부족한 것 같아서요" "조금 더 준비되면 그때 지원할게요"라고 말하곤 한다. 그 마음, 정말 이해된다. 하지만 자신을 완벽하게 만든 다음에 도전하겠다는 마음은 끝이 없다. 완벽한 타이밍은 오지 않으니까.

대신 이렇게 시작해 보자.

- 지금 할 수 있는 것부터 해 보기
- 부족한 부분을 인정하되, 피하지 않기
- 아무도 보지 않는 자리에서 꾸준히 나를 갈고닦기

이불킥을 할 수도 있다. 엉뚱한 실수를 할 수도 있고. 영어 면접에서 엉터리 단어를 말하고 당황할 수도 있다. 이메일의 내용 중 철자가 틀려 부끄러웠던 기억도 있다. 이 모든 것을 나 역시 겪어 봤다. 그런데, 그런 작은 실수 하나하나가 쌓여 결국 나만의 실전 감각이 되었다.

세상은 여전히 빠르게 변하고, 우리는 그 안에서 계속 성장해 가야 한다. **중요한 건, 남보다 잘하는 것보다 어제의 나보다 나아지는 것, 포기하지 않고 다음 스텝을 밟는 것이다.** 커리어는 단 한 번의 선택으로 완성되는 게 아니다. 수많은 작은 시도와 선택, 그리고 그 사이의 실패와 회복이 모여서 만들어지는 것이다. 그러니 지금 조금 부족하다고 느껴지더라도 괜찮다. 중요한 건, 당신이 지금 이 글을 읽고 있다는 사실 자체가 이미 첫걸음을 떼었다는 증거이다.

> 당신의 커리어가 가슴 뛰는 방향으로 펼쳐지기를 진심으로 바란다.
> 어떤 길이든, 당신의 걸음은 결코 늦지 않았다.
> 가슴 뛰는 커리어로 살아갈 당신을 뜨겁게 응원한다.